LA CHINE

ET

LE MONDE

Étude des questions politiques, diplomatiques, économiques, juridiques et sociales, publiée avec la collaboration des anciens élèves et élèves Chinois de l'École Libre des Sciences Politiques de Paris.

TOME PREMIER

PARIS

LES PRESSES UNIVERSITAIRES DE FRANCE
49, Boulevard Saint-Michel

1925

LA CHINE

ET

LE MONDE

Etude des questions politiques, diplomatiques, économiques, juridiques et sociales, publiée avec la collaboration des anciens élèves et élèves Chinois de l'Ecole Libre des Sciences Politiques de Paris.

TOME PREMIER

PARIS
LES PRESSES UNIVERSITAIRES DE FRANCE
49, Boulevard Saint-Michel
1925

INTRODUCTION

En présentant au lecteur le premier tome de la Collection dite « La Chine et le Monde », la Société des Anciens Elèves et Elèves Chinois de l'Ecole libre des Sciences Politiques de Paris n'a pas l'intention de prétendre à informer, mieux que tout autre, l'opinion publique étrangère des questions ayant trait aux relations entre la Chine et le reste du monde. Au contraire, dans sa modestie habituelle, elle n'a que le seul souci d'en faire comprendre la stricte vérité à l'opinion internationale, et particulièrement à l'opinion française. Pour accomplir cette tâche délicate, nous nous proposons de grouper dans ce volume comme dans ceux qui suivront des articles dont les auteurs ont les idées les plus diverses et peut-être les plus contradictoires. Nous

ne voulons pas, en effet, que nos lecteurs
entendent toujours le même son de clo-
che. N'est-il pas vrai que la lumière sort
de la discussion ? N'est-il pas vrai aussi
que la vérité ne vient que du choc des
opinions ? S'il se trouve parfois dans nos
articles quelques passages pouvant con-
trarier certaines personnes ou mêmes
certaines nations, nous ne saurions
jamais assez leur demander de nous en
excuser d'abord et de se reporter ensuite
à la manière précipitée dont nous avons
choisi les articles de notre publication.

Notre publication, dont chaque tome
est composé, d'une part, d'articles spéciaux, et d'autre part, de conférences
faites par nos membres dans les réunions
bimensuelles de notre Société, n'est pas
périodique. Toutefois, nous nous effor-
cerons d'en publier au moins un tome
par an. Et si les circonstances nous le
permettaient, nous voudrions en présenter un par mois.

Il se peut que, dans notre livre, le français ne soit pas aussi excellent qu'il

devrait l'être. En effet, nous publions généralement les articles tels qu'ils nous ont été remis sans y changer quoi que ce soit, à condition qu'ils aient, bien entendu, une intelligibilité parfaite.

*
* *

Le principal but que poursuit notre Collection est de prêcher une étroite collaboration entre tous les pays démocratiques du monde, notamment entre la République française et la République chinoise, pour empêcher les nations belliqueuses d'abuser de leur force, pour soulager les souffrances des peuples faibles, afin que tout le monde puisse travailler à l'évolution de l'humanité dans une période de véritable paix générale. A l'heure actuelle, les affaires politiques d'importance extrême qui préoccupent le monde entier sont, sans aucun doute, d'une part, celles de l'Europe et d'autre part, celles de l'Extrême-Orient Si la France, principale actrice dans la politique européenne, et la Chine, principale intéressée dans celle de l'Extrême-Orient, pratiquent mutuellement une politique de rapprochement dans l'intérêt de la paix internationale, toutes les grandes difficultés qui surgissent dans ces deux centres de gravité de la politique mondiale seront aplanies de la façon la plus satisfaisante. La garantie la plus sûre que nous puissions en donner est que la France, avec ses colonies, disposant de 100 millions d'âmes et la Chine ayant sur son territoire 500 millions de citoyens, possèdent, à elles seules, le tiers de la population totale du globe.

Les articles publiés dans ce premier numéro de notre Collection montreront, particulièrement au lecteur français, tout l'intérêt qu'il y a à suivre de près la politique extrême-orientale. Il sentira son pays engagé dans des problèmes tellement graves pour son avenir qu'il ne pourra pas s'en désintéresser. Il apprendra avec nous à aimer la nation chinoise et il aura à cœur, en nous soutenant, de continuer la marche traditionnelle de la France dans le chemin du droit et de la justice. Voisines l'une de l'autre, pacifistes toutes les deux, la France et la Chine ne peuvent faire autrement que se rapprocher pour leurs intérêts mondiaux, car elles se sont déjà rapprochées par l'esprit de civilisation avancée qui caractérise nos deux grands peuples.

I

LES ARTICLES SPÉCIAUX

Le Problème Chinois et les Grandes Puissances

Rien n'est plus difficile que de connaître exactement la situation politique d'un pays dont il n'est pas aisé de savoir la langue. Rien n'est plus difficile encore de la connaître exactement, si, à la difficulté de la langue, s'ajoute celle de l'éloignement. Ceci est certainement le cas dont souffrent un bon nombre d'amis de la Chine qui veulent comprendre la transformation politique qu'elle a opérée dans ces dernières années. De là sont nées toutes espèces de légendes difficilement justifiables, dont les unes répandent l'idée que ce pays est atteint de la maladie incurable de la guerre civile qui pourrait être la cause de sa ruine prochaine, et les autres, disant que, quoi qu'il en soit, il pourra devenir, tôt ou tard, un grand Etat puissant capable de montrer au reste du monde ce qu'on appelle — à tort ou à raison — le péril jaune. Etant données, ainsi que nous l'avons dit plus haut, la difficulté de la langue et celle de l'éloignement qu'éprouvent les observateurs mentionnés ci-dessus, ces appréciations, soit trop pessimistes soit trop optimistes à l'égard de la Chine, sont à la fois excusables et compréhensibles. Un malentendu de ce genre qui est assurément une chose fâcheuse à tous points de vue, est pratiquement inévitable dans la vie internationale comme dans la vie privée. Il est d'autant plus inévitable dans le domaine international, qu'il y est parfois exploité intentionnellement par des nations ou des individus qui savent interpréter les affaires d'autrui dans la mesure qui convient le mieux à leurs intérêts personnels. On ne saurait trop citer, à cet égard, l'exemple dont fut victime la France. Etant obligée, après la guerre, de pratiquer une politique de légitime fermeté envers l'ennemi contre qui elle a lutté, la nation française s'est vue accusée d'impérialisme et de militarisme. Pourtant ceux qui ont formulé ces accusations ne sont ni loin de la France, ni étrangers à sa langue. Il est donc préférable de dissiper ces malentendus en expliquant, dans la mesure la plus large, la vérité à ceux qui en ont besoin tant pour améliorer la situation extérieure d'un pays ainsi incompris du dehors que pour faire cesser la défiance non fondée des autres nations à son égard.

CHAPITRE PREMIER

L'IMPORTANCE MONDIALE DU PROBLÈME CHINOIS ET LA NÉCESSITÉ URGENTE DE SA SOLUTION.

Au point de vue politique, le monde a toujours au moins un centre de gravité. Avant la formidable tourmente que nous venons de traverser, il en avait un — les autres étaient comparativement moins importants — situé en Europe, ou plus exactement dans le centre-ouest de cette partie du monde. Après la fin de la guerre, la situation s'est obscurcie de telle manière qu'on ne peut plus dire facilement où se trouve, à l'heure actuelle, ce centre de gravité ! S'est-il déplacé ? D'autres centres ont-ils acquis une importance plus grande ? Personne ne saurait l'affirmer d'une façon formelle, car le monde — l'Europe en particulier—est aujourd'hui dans une période de transition où l'on se ressent encore de toutes les répercussions de la guerre. Cependant, on peut, sans crainte de se tromper grandement, dire que notre planète a maintenant — entre autres peut-être — deux centres de gravité dont l'un est en Europe et l'autre en Extrême-Orient, c'est-à-dire en Chine, puisqu'en dehors de cet Etat, il n'y a pas d'autre pays que les grandes puissances puissent se disputer dans ce coin du monde. Donc les affaires de la Chine, ayant un caractère international, méritent d'être suivies de près par ceux qui s'intéressent à la politique générale.

Ce pays de plus de 11 millions de kilomètres carrés, qui est plus grand que l'Europe tout entière, peuplé de plus de 400 millions d'êtres humains représentant le quart de la population totale du globe, ce pays commence à peser d'un poids considérable sur la politique mondiale. La preuve la plus tangible que nous puissions en donner à nos lecteurs est la conférence de Washington de 1921 qui, prétendant résoudre, entre autres problèmes, le problème du Pacifique, était, en réalité, appelée à trancher le problème de la Chine, car le Pacifique n'est autre chose qu'une route maritime par laquelle les grands navires de commerce des différentes puissances cinglent vers la Chine pour y embarquer des matières premières après y avoir débarqué des produits manufacturés. Dans ces conjonctures, il est donc juste de dire que le terme : problème de la Chine, forme concrète, est plus exact que celui du problème du Pacifique, forme abstraite. Ce problème de la Chine joue, en vérité, un rôle beaucoup plus important dans la politique internationale qu'on ne le croit en général. Il faut, en effet, se persuader de l'idée que l'ordre ne pourra régner en Extrême-Orient et dans l'Océan Pacifique, tant qu'il n'existera pas en Chine. L'Extrême-Orient, le Pacifique et même le monde entier seront malades, tant que la Chine sera malade. Notre pays est devenu, depuis un temps déjà lointain, mais surtout depuis la fin de la guerre, le champ d'activité de certaines grandes puissances dont les intérêts y sont diamétralement opposés les uns aux autres. Le seul moyen qui pourrait éviter une guerre générale résultant de ces oppositions d'intérêts, serait celui qui consiste à résoudre équitablement et sans tarder le problème dit de la Chine.

Résoudre le problème de la Chine, c'est rendre ce pays tel qu'une nation indépendante à tous égards doit l'être, c'est-à-dire l'organiser à l'occidentale de sorte que certaines grandes puissances, en face d'une Chine bien modernisée, renoncent spontanément à nourrir, à son détriment, des desseins d'ambition morale ou matérielle, soient obligés de traiter avec elle sur un pied d'égalité et ne rêvent plus à en faire, encore une fois, le champ de bataille qui a si bien servi le Mikado contre le Tzar en 1905. Et alors cette Chine ainsi réformée travaillerait de son mieux au maintien de la paix générale et à la réalisation de la fraternité universelle.

CHAPITRE II

POURQUOI LE PROBLÈME CHINOIS NE PEUT-IL ÊTRE RÉSOLU QUE PAR UNE COOPÉRATION SINO-ÉTRANGÈRE ?

Comment résoudra-t-on le problème chinois ? Et surtout par qui sera-t-il résolu ? Sera-ce par les Chinois eux-mêmes ? Théoriquement oui ; mais pratiquement ce serait difficile, sinon impossible, même s'ils le voulaient de bon cœur. Sera-ce par les étrangers, c'est-à-dire par les puissances directement intéressées ? Théoriquement ce serait absurde ; mais pratiquement elles pourront y contribuer, sinon complètement, mais pour une large part. Ou encore sera-ce par une coopération sino-étrangère ? Théoriquement ce serait extrêmement anormal ; mais pratiquement fort possible et il doit en être ainsi. Voici les raisons pour lesquelles nous nous rangeons à cette dernière opinion.

Sans doute, ceux qui sont atteints chez nous d'un patriotisme un peu excessif — leur nombre est d'ailleurs insignifiant ou presque nul — ne pourront pas facilement partager cette opinion qui, sans explication, est, je le reconnais, vraiment inadmissible au premier abord. En effet l'idée du principe des nationalités qui est à la mode dans ce monde où nous vivons aujourd'hui, n'admet pas, pour un pays, la coopération avec les étrangers pour reconquérir effectivement son indépendance politique, administrative et territoriale, car cela signifie, dit-on, que le pays en question s'en remet en partie aux étrangers, ce qui n'est pas banal dans la vie internationale. L'histoire en a enseigné de bien fâcheux exemples. Sans doute aussi, ceux qui, parmi les étrangers, sont mal renseignés sur les affaires de notre pays, ne manqueront pas de dégager, de notre avis, l'idée que le peuple chinois est incapable de rendre son pays tel qu'il le souhaite. Rien n'est plus erroné que de tenir pour exacte l'une ou l'autre de ces deux opinions. En effet, avant d'aller plus loin, il est nécessaire de comprendre à fond le sens exact dans lequel nous entendons une coopération entre la Chine et les puissances intéressées pour résoudre le problème dont il s'agit ici.

Pourquoi une coopération de ce genre pour une semblable question ? On nous dira probablement que, dans l'histoire du monde, nombre de pays tels que le Japon et la Turquie par exemple, sont, sinon entièrement, du moins convenablement organisés à l'européenne sans qu'il y ait

eu coopération — ici nous entendons une
coopération matérielle — avec les étrangers. Par conséquent la Chine, qui est
comme le Japon et la Turquie, de race
jaune et asiatique, doit pouvoir réussir à
s'organiser de la même façon que ces
deux nations. Si cette raison est fort
bonne en elle-même, le fait ne la con-
firme pas toujours ! D'abord ce que nous
entendons par coopération avec les étrangers, c'est qu'en dehors de nos propres
efforts, nous voulons obtenir des puissances intéressées, en raison des circonstances que traverse notre pays, *un concours négatif* dont nous expliquerons un
peu plus loin la signification exacte.
Ensuite notre situation intérieure aussi
bien qu'extérieure est, à l'heure actuelle,
totalement différente de celle de la Turquie d'hier ou du Japon d'autrefois. Il
faut donc, quand il s'agit de résoudre le
problème chinois, le considérer sous un
angle tout particulier.

Le besoin du concours du dehors et la
situation toute spéciale tant à l'intérieur

qu'à l'extérieur ne se suffisent pas en eux-mêmes pour justifier que nous sommes fondés à proposer une coopération sino-étrangère afin de résoudre le problème chinois. Notre suggestion exige donc de longues explications.

Tout citoyen peut prétendre à la magistrature suprême nationale, s'il est libre de le faire. Toute nation peut s'organiser à la moderne, si elle en a la liberté nécessaire. Or la Chine, bien qu'étant une nation indépendante, est accablée de tant de restrictions internationales que son relèvement par elle-même et sans quelque bienveillance de la part des nations ayant des intérêts spéciaux sur son territoire, est extrêmement difficile. Le cas de ce pays nominalement indépendant constitue une particularité toute spéciale du droit des gens d'aujourd'hui ! Quelques exemples que nous allons donner suffiront à démontrer la raison d'être du *concours négatif* des puissances intéressées pour résoudre le problème chinois.

A) Dans le domaine territorial :

Qu'est-ce que c'est qu'un pays indépendant au point de vue territorial ? C'est un pays qui est souverain sur toute l'étendue de son territoire. Or, la Chine, puissance indépendante certes, ne peut exercer son autorité sur tout le territoire chinois. Il y a en Chine au moins quatre sortes de régions qui échappent à l'exercice de l'autorité du gouvernement de Pékin. Ce sont : *a)* les ports cédés aux puissances étrangères, tels que Hong-Kong, Macao, etc. ; *b)* les ports loués à bail aux puissances étrangères, tels que Port-Arthur, Ta-Lien-Ouan, Wei-Hai-Wei, etc. ; *c)* les concessions étrangères dans les villes ouvertes au commerce international, exemple à Shanghai, à Hankéou, à Tientsin, à Canton, etc. ; *d)* le quartier diplomatique à Pékin. Cela constitue un phénomène que le droit international public n'a jamais connu dans aucun autre pays du monde. Une telle situation est réellement incompa-
dans aucun autre pays du monde ! Une

telle situation est réellement incompatible avec l'existence d'une nation dite indépendante. Ce qu'il y a de plus piquant tant pour la dignité de la Chine comme nation indépendante que pour son droit de libre développement chez elle, c'est que ces terres cédées, louées ou réservées aux puissances étrangères, sont les ports ou les contrées les plus commerciaux, les plus industriels, les mieux tenus ; en un mot les plus riches de la nation chinoise. Autrement dit, ce sont les Paris, les Marseille, les Londres, les Liverpool, les Hambourg, les New-York, les Chicago, les Lorraine, les Ruhr, etc., de la Chine. Comment peut-elle s'en passer, si elle veut vivre dignement ? Et il est plus piquant encore de constater, pour la Chine, que c'est par ces ports cédés ou loués qu'elle entretient *seulement* des relations avec l'extérieur. Si cette situation doit continuer d'exister telle quelle, les rapports entre la Chine et l'étranger seront toujours sous le contrôle des puissances occupantes de ces ports cédés ou loués ! Par conséquent, les progrès économiques, politiques, administratifs et éducatifs qu'on attendait et que l'on attend toujours de la Chine ne seront jamais réalisés. En effet, une nation privée de ses régions les plus importantes et en même temps les plus riches, ne peut faire guère plus qu'un homme mutilé du bras droit et de la jambe droite ! ! !

Sans doute, on nous répondra qu'étant donnée la situation de la Chine qui diffère un peu de celle de la plupart des autres nations du monde, les étrangers y ont besoin de quartiers particuliers de peur d'être maltraités. Or il n'y a guère sur la terre de pays où les étrangers sont aussi bien reçus que dans la République chinoise. Des hommes de tous les pays, qui l'ont visitée, qui y séjournèrent au cours de ces dernières années, en ont porté témoignage, car nous ne sommes plus au temps des Boxers, ni à l'époque des diables-étrangers où des vexations inutiles et stupides d'ailleurs, ont été pratiquées à l'égard des étrangers qui se trouvaient en Chine. Si, aujourd'hui, les étrangers résidant dans ce pays sont parfois encore victimes de pillages, cela ne peut étonner personne, puisque ces agissements de malfaiteurs, on peut les voir très fréquemment, même dans les pays les plus petits et les moins peuplés qui soient dans l'univers. A plus forte raison, ils sont vraiment inévitables dans les grandes nations, et particulièrement pour la Chine dont nous avons déjà cité l'étendue du territoire et l'importance phénoménale de la population ! Il n'y a là, en effet, rien de surprenant, car ces faits désagréables pour les visiteurs de la Chine ne sont pas accomplis par les autorités officielles, mais simplement par quelques malandrins poursuivis par les lois. Si l'on compare les quelques simples pillages que certains étrangers voyageant en Chine ont subis — on remarque qu'ils en sont d'ailleurs toujours dédommagés par le gouvernement de Pékin — aux massacres de près de 200 ouvriers Chinois par les polices de Tokio et de Yokohama lors des tremblements de terre de septembre 1923 au Japon, l'on est réellement obligé de se demander si c'est dans les pays où se produisent de simples vols dont souffre toute la population, ou bien si c'est dans les pays xénophobes et sanguinaires, qu'il faut des quartiers particuliers pour les étrangers afin d'y assurer leur sécurité !

Sans doute, on pourra encore nous répondre que certaines parties du territoire chinois réservées aux puissances étrangères, telles que les ports loués à bail par exemple, ne pourront être rendues au gouvernement de Pékin que lorsque chacun de ces baux viendra à échéance, c'est-à-dire dans l'avenir. Or, il y a bien les ports loués pour lesquels le délai de location est expiré depuis longtemps et qui restent encore aujourd'hui aux mains des puissances concessionnaires. Elles semblent ainsi vouloir les conserver à tout prix. Prenons l'exemple de Port-Arthur et de Ta-Lien-Ouan, admirables ports militaires à l'Est de l'entrée du golfe du Pétchi-li, loués par la Chine à la Russie le 26 mars 1898 pour une période déterminée de vingt-cinq ans, c'est-à-dire jusqu'au 26 mars 1923, époque à laquelle le gouvernement de Saint-Pétersbourg devait les rendre à celui de Pékin. Battue par le Japon, la Russie fut obligée, en vertu du traité de Portsmouth du 5 septembre 1905, de transférer ses droits sur ces deux ports à l'empire du Soleil Levant. En même temps, ou plus exactement le 22 décembre 1905, la Chine conclut avec le vainqueur du Tzar, un accord d'après lequel notre pays reconnut le traité russo-japonais de Portsmouth. Quant au délai de location des ports en question, il resta sans changement, c'est-à-dire que le Japon devait, comme aurait dû le faire la Russie, rendre Port-Arthur et Ta-Lien-Ouan à la Chine le 26 mars 1923. Mais le Japon ne les a pas rendus le 26 mars 1923. La raison de cette façon d'agir que notre voisin insulaire a invoquée, était que, d'après les fameuses vingt-et-une demandes de 1915 dont tout le monde connait la teneur inacceptable pour n'importe quelle nation de la terre, la durée de la concession à bail de Port-Arthur et de Ta-Lien-Ouan avait été portée à quatre-vingt-dix-neuf ans. Donc le Japon ne restituera ces deux ports à la Chine que le 26 mars 1997. Or, ces vingt-et-une demandes n'ont internationalement aucune valeur, étant donné que, premièrement, elles ont été arrachées sous toutes sortes de menaces par le Japon à la Chine, au moment où les grandes puissances étaient aux prises avec la guerre mondiale ; deuxièmement, elles n'ont pas été acceptées par le Parlement chinois, ce qui est irrégulier dans un pays de régime dit démocratique, mais simplement par le Gouvernement chinois ou plus exactement par notre Président Yuan Chi Kai, terrorisé par les menaces de notre voisin insulaire et séduit par la promesse alléchante d'un gros emprunt devant lui permettre de satisfaire son ambition au titre d'empereur de Chine.

C'est cette ambition dont la réalisation marque le point de départ de la guerre civile chinoise qui s'est perpétuée et qui se perpétue encore aujourd'hui dans ce coin extrême-oriental riche en hommes pacifiques ! Notre Chambre des Députés a d'ailleurs déjà officiellement rejeté le 19 janvier 1923, comme le fit notre Sénat au 1ᵉʳ novembre 1922, ces vingt-et-une demandes. Et notre Gouvernement a notifié ces deux décisions parlementaires à la Légation du Japon à Pékin le 10 mars 1923. Mais le Japon ne voulait en entendre parler de quelque manière que ce fût ! C'est pourquoi Port-Arthur et Ta-Lien-Ouan restent encore à l'heure actuelle aux mains de l'Empire du Soleil Levant, quoique leur bail soit expiré de longtemps !

Le cas de Port-Arthur et de Ta-Lien-Ouan n'est pas le seul. Il en est de même pour Wei-Hai-Wei, magnifique port militaire à droite de l'entrée du golfe du Pétchili, louée par la Chine à l'Angleterre le 1ᵉʳ juillet 1898 pour une période de vingt-cinq ans, c'est-à-dire jusqu'au 1er juillet 1923. A la Conférence de Washington de 1921, la Grande-Bretagne a même formellement déclaré qu'elle la restituerait à la Chine au moment venu, c'est-à-dire le 1er juillet 1923. En effet, une Commission sino-anglaise s'est réunie en 1922 pour examiner les formalités de translation de ce port par le Gouvernement de Londres à celui de Pékin. Mais la Grande-Bretagne y posa des conditions tellement dures que la Chine ne pouvait vraiment pas accepter en tant que nation indépendante. Les négociations furent bientôt interrompues. Wei-Hai-Wei reste donc à présent encore anglaise, bien que nous soyons aujourd'hui en 1925 !

B. Dans le domaine judiciaire :

Qu'est-ce que c'est qu'un pays indépendant, au point de vue judiciaire ? C'est un pays dont la juridiction s'étend sur toutes 'les personnes qui se trouvent sur son territoire, à l'exception bien

entendu de celles qui sont universelle-
ment considérées comme des privilégiés,
tels que les agents diplomatiques étrangers par exemple. Or la Chine, soumise
au régime d'exterritorialité assez semblable à celui des capitulations, ne peut
pas exercer son pouvoir juridictionnel
sur toutes les personnes — les privilégiés
communément reconnus étant exceptés
— qui se trouvent sur son territoire. Les
ressortissants de la plupart des puissances y sont soustraits aux autorités
locales. Nous n'avons pas à nous appesantir ici, pas plus sur les traités qui ont
créé cette situation, que sur les conditions
dans lesquelles sont administrés en matière judiciaire ces ressortissants ainsi
privilégiés en Chine. Ce qui doit retenir
toute notre attention, ce sont les conséquences de ce régime d'exterritorialité
dans le domaine politique en Chine.
Tous les pays ayant subi ou subissant
encore ce régime spécial, qu'il soit d'exterritorialité ou qu'il soit de capitulations, en connaissent toujours les maux
dont ils ont souffert ou souffrent encore.

Et les Etats qui jouissent de ce régime spécial... en comprennent tellement les inconvénients qu'ils sont obligés pour les éviter, de donner à leurs agents diplomatiques et consulaires, outre les pouvoirs ordinaires qu'ils doivent avoir dans les pays de chrétienté, des pouvoirs spéciaux de juridiction et de police réglementaire. Nous avons donc à peine besoin de nous étendre sur ce régime d'exterritorialité pour apprécier les conséquences presque toujours mauvaises qu'il entraîne en Chine au point de vue politique. Il suffit, en effet, pour bien les comprendre, de se rappeler pourquoi les Japonais et les Turcs n'ont point hésité jadis à supprimer, pour leur pays, ce régime d'exterritorialité ou de capitulations même au prix de leur sang ! Evidemment nous ne voulons point faire usage de ces mêmes moyens pour nous affranchir de tout ce qui pèse aujourd'hui sur la nation chinoise. Mais il n'en est pas moins vrai que, si on le laisse exister tel quel, ce régime spécial conti-

nuera à porter en droit comme en fait,
une grave atteinte à l'indépendance
administrative de la Chine, puisque les
administrations de la justice chinoise
sont en réalité complètement incompré-
tentes pour juger la plupart des étrangers se trouvant sur le territoire chinois
et encore moins incompétentes pour les
punir. Ce que nous désirons obtenir en
fin de compte, [tout en voulant respecter
dans la lettre comme dans l'esprit, les
engagements internationaux pris par la
Chine] de la part des puissances étrangères intéressées, c'est que celles-ci
veuillent bien nous montrer leur géné-
rosité en renonçant, sinon une fois pour
toutes, du moins de façon progressive, à
la jouissance de ce régime d'exterritorialité qui ne fait qu'envenimer les bonnes
relations entre elles et la Chine.

Sans doute, on nous objectera que c'est
la Chine elle-même qui n'est pas prête
à recevoir l'abandon de ce régime de la
part des diverses puissances, qui, elles,
sont au contraire disposées à s'en dépar-

tir, parce que le Gouvernement de Pékin
a prolongé [sous prétexte que le ministère chinois de la justice n'a pas encore
terminé l'inspection de ses tribunaux
dans les différentes provinces] le délai
de l'arrivée en Chine de la Commission
internationale des juristes, instituée par
une résolution de la Conférence de Washington de 1921, et chargée d'enquêter
sur la situation actuelle de l'administration judiciaire en Chine pour voir si
l'abolition du régime d'exterritorialité y
est aujourd'hui possible ou non. Si ce
reproche paraît être justifié en apparence, il l'est moins en réalité. Pour
comprendre le motif de cet inachèvement
de l'inspection par le ministère de la justice de Pékin des tribunaux dans les provinces chinoises, inachèvement à cause
duquel la Commission internationale des
juristes prévue par la Conférence de Washington n'a pu encore se constituer jusqu'ici, il faut bien se dire qu'il y a tout
d'abord la guerre civile en Chine. Afin
de savoir pourquoi cette guerre intestine

dure depuis tant d'années, il faut en connaître, avant tout, les causes véritables qui sont à la fois intérieures et extérieures et que nous tenterons d'analyser minutieusement dans un article ultérieur.

C. Dans le domaine douanier :

Qu'est-ce que c'est qu'un pays indépendant au point de vue douanier ? C'est un pays qui jouit de la liberté absolue tant pour la fixation de ses droits douaniers, que pour l'administration de ses douanes. Or la Chine, peu après son entrée en relations avec l'Europe, a successivement perdu cette double liberté. Au traité sino-anglais de Nankin en 1842, la Chine s'est vue privée de cette première liberté en s'engageant malgré elle, à ne percevoir désormais sur les marchandises importées qu'un droit de 5 % ad valorem fixé d'après les prix courants d'alors. Ce tarif fut ensuite adopté par les autres puissances au moyen de traités, ce qui explique, par la suite, la difficulté de le reviser, étant donné qu'il n'est plus facile pour la Chine d'obtenir le consentement unanime de toutes ces puissances. Dans les quelques années qui ont immédiatement suivi la conclusion du traité de Nankin et de beaucoup d'autres encore, les prix ayant commencé à baisser et les droits de douane perçus par la Chine ayant semblé quelque peu supérieurs aux 5 % prévus par les traités, les puissances intéressées demandèrent la révision de ces actes diplomatiques en vertu des clauses prévoyant périodiquement une telle révision. Celle-ci eut lieu en effet en 1858. Mais à partir de cette date, les prix montaient sans cesse et les droits de douane perçus par la Chine n'étaient en réalité que de 2,5 %, tandis que les puissances signataires des traités en question avec notre pays ne voulaient point entendre parler d'une révision. Ce ne fut qu'en 1902 et plus tard en 1918 que la Chine obtint la révision demandée. Mais le tarif qui en est résulté ne rapportait encore que 3,5 % au regard des prix d'alors, car en 1902 aussi bien qu'en 1918 on avait décidé de calculer les droits de douane à percevoir conformément, non pas aux prix du moment, mais toujours à ceux de quelques années auparavant. Même à la Conférence de Washington de 1921, on n'a fait, pour ainsi dire, que rendre effectif ce taux de 5 % prévu depuis 1842. Sans doute cette conférence a promis à la Chine une augmentation possible de ses droits de douane ; mais cette augmentation est tellement conditionnée qu'il ne faut pas compter la voir réaliser d'ici quelques années. Au contraire, à ces droits de 5 % ad valorem que les importations étrangères en Chine sont tenues à payer, ne correspondent nullement ceux qui frappent les marchandises chinoises entrant dans les ports étrangers. Celles-ci y payent, la plupart du temps, les droits du tarif maximum. C'est ainsi que le thé chinois importé en Angleterre paie un droit équivalent à 25 %, le tabac chinois importé au Japon paie 35 % et la soie 30 %, etc... Il en résulte, entre autres, trois conséquences à la fois très désavantageuses et très dangereuses pour la nation chinoise. Premièrement : le régime actuel porte atteinte aux droits souverains de la Chine en tant que nation indépendante. Deuxièmement : il cause pour le Trésor chinois de sérieuses pertes pécuniaires, étant donné que les droits de douane constituent une des ressources les plus importantes des diverses nations : 35 % pour les Etats-Unis, 15 % pour la France, 12 % pour l'Angleterre et 7 % seulement pour la Chine. En conséquence, ce régime n'est pas une des moindres causes pour la Chine, de son incapacité à rembourser ses dettes intérieures ou extérieures. En plus, cela nécessite pour elle, l'institution de divers impôts vexatoires dans les différentes localités de son territoire et l'emprunt, à tour de bras, tant à l'intérieur qu'à l'étranger. Troisièmement : les produits manufacturés qui constituent la plus grande partie des importations étrangères en Chine et qui bénéficient d'un tarif si minime, peuvent y être vendus sans aucune peine à des prix très bas et concurrencer ainsi victorieusement les produits indigènes. Pour parler plus clairement, ils peuvent tuer facilement l'industrie naissante chinoise. C'est ce qui explique son état peu avancé à l'heure actuelle et la menace presque mortelle pour son avenir. Donc d'après ce petit aperçu sur le tarif douanier de la Chine et les conséquences politiques, financières et industrielles qui en sont résultées, on peut aisément comprendre combien il est urgent pour la Chine d'avoir une autonomie entière pour la fixation des droits de douane. Cela lui donnera le pouvoir de conclure, quand il sera nécessaire, des arrangements douaniers avec les puissances étrangères sur la base de mutuelles compensations et lui facilitera le développement commercial et industriel.

Voyons maintenant la deuxième liberté dont nous avons parlé plus haut et qui consiste à administrer les douanes chinoises. Depuis le commencement de la seconde moitié du xixe siècle et surtout après la guerre des Boxers de 1900, l'Administration des Douanes maritimes de la Chine est devenue plus étrangère ou exactement, plus anglaise que chinoise. En effet, la plupart des hauts postes de nos douanes sont, depuis ces dates, occupés par des personnes de nationalité non chinoise, mais spécialement par des éléments anglais qui y sont très influents. Le Directeur général des douanes maritimes chinoises est en effet un des leurs, M. F.-A. Aglen. Il est, si je puis m'exprimer ainsi, notre Mussolini douanier ! Il a, par exemple, le droit de nommer le personnel de nos douanes maritimes, le pouvoir d'administrer ces dernières, etc... Ce droit et ce pouvoir lui appartiennent d'autant plus que nos recettes douanières sont affectées à la liquidation de nos emprunts extérieurs — c'est-à-dire emprunts à l'Angleterre et à bien d'autres pays étrangers — qu'elles garantissent. Il nous suffit de jeter un coup d'œil sur le tableau suivant du nombre des étrangers employés dans nos douanes maritimes pour y apprécier la prépondérance anglaise en regard des autres puissances (1) :

Anglais	95
Japonais	23
Américains	10
Français	9
Portugais	7
Danois	6
Italiens	4
Russes	4
Hollandais	3
Belges	3
Norvégiens	2
Suédois	1
	167

Voilà quelle est la situation peu ordinaire de l'Administration des Douanes maritimes chinoises. Il est vraiment superflu de nous y appesantir encore afin

(1) Cette statistique a été établie en 1922.

de voir que ce régime porte gravement atteinte à l'indépendance administrative de la Chine. Et il est superflu d'en parler plus longuement pour que nous sachions que la nation chinoise, en tant que telle, supporte ce régime avec une grande peine, à la fois psychologique et matérielle. Souhaitons que les puissances intéressées veuillent bien prendre sans retard l'initiative de reviser ce régime dans une mesure qui sera compatible avec l'indépendance de la Chine républicaine et démocratique.

D. Dans le domaine militaire :

Qu'est-ce que c'est qu'un pays indépendant au point de vue militaire ? C'est un pays sur le territoire duquel aucune troupe étrangère ne peut être maintenue ou stationner sans le consentement *librement donné* par le dit pays. Or la Chine, peu après le commencement du XXe siècle, a vu pénétrer, malgré elle et d'une façon continue dans certaines régions de son territoire, des troupes étrangères dont l'établissement légal ou non en nécessite la division en deux catégories :

A) S'il est légal, c'est parce qu'il a été fait en vertu d'un traité, tel le cas du protocole du 7 septembre 1901, qui a été conclu entre la Chine et les puissances étrangères à la suite de la guerre des Boxers, ce qui explique qu'il a été signé par la Chine à contre-cœur. D'après l'article 7 de ce protocole, chacune des puissances contractantes — la Chine exceptée bien entendu — a le droit de maintenir une garde permanente pour la défense de sa Légation à Pékin, tandis qu'en conséquence de l'article 9 dudit acte, la Chine est obligée de permettre, à ces mêmes puissances d'occuper militairement certains points stratégiques situés sur la ligne de chemin de fer Pékin-Moukden, pour assurer la liberté des communications entre la capitale et la mer. Avant la guerre, l'Allemagne, l'Autriche-Hongrie, la Belgique, les Etats-Unis, la France, la Grande-Bretagne, l'Italie, le Japon, les Pays-Bas et la Russie avaient fait stationner, à un ou plusieurs de ces points, des troupes dont l'effectif total pouvait être d'environ 9.000 hommes. Depuis l'ouverture des hostilités en 1914, certaines puissances en ont retiré leurs troupes, et l'Allemagne et l'Autriche ont vu les leurs internées par la Chine, à la suite de leur rupture diplomatique avec cette dernière. Mais les Etats-Unis, la France, la Grande-Bretagne, le Japon, etc., y maintenaient et maintiennent encore leurs troupes. Même à la Conférence de Washington de 1921, on n'a fait que proposer l'institution d'une Commission qui sera composée de trois représentants du Gouvernement chinois et de ministres accrédités à Pékin par toutes les autres puissances ayant participé à la dite Conférence pour étudier la possibilité du retrait des troupes dont il s'agit ici. En d'autres termes on n'a fait que renvoyer cette affaire aux calendes grecques.

B) La seconde catégorie des troupes a été établie, sur plusieurs autres points

de la Chine sans aucune légalité, c'est-
à-dire, sans qu'il y ait de traité et en
dépit des protestations répétées du Gouvernement chinois.

1°) En 1900, la Russie et l'Angleterre
envoyèrent respectivement une troupe
de 150 hommes et une autre de 30 hommes à Kachgar, dans le Turkestan chinois. Les Russes en sont partis (les
Soviets y reviendront peut-être), tandis
que les Anglais y restent encore.

2°) En 1905, bien que l'article 3 du
traité de Portsmouth obligeât le Japon
et la Russie à évacuer complètement la
Mandchourie à l'exception de la péninsule de Liao-Tong, ils se réservèrent,
dans un article additionnel, le droit de
maintenir des gardes pour prétéger leurs
lignes de chemins de fer respectives en
Mandchourie. Dans l'accord sino-japonais du 22 décembre 1905, la Chine ne
reconnut pas ce droit au Japon qui, après
de grands efforts de la part de nos diplo-
mates, accepta de retirer ses gardes lorsque les Russes eux-mêmes auraient fait

partir les leurs, stationnées sur le chemin de fer de l'Est chinois et sur la ligne de Karbin à Tchang-Tchoun. Mais le Japon ne tint pas sa parole. Quand les troupes chinoises se substituèrent, depuis la révolution moscovite, à celles de la Russie — les Soviets y reviendront plus que probablement — sur les deux lignes précitées, le Japon conserva ses positions. C'est pourquoi le chemin de fer sud-mandchourien et la ligne de Moukden à Antoung sont encore sous le contrôle japonais à l'heure actuelle, puisque la décision de la Conférence de Washington à ce sujet est telle.

3°) En 1909, le Gouvernement du Mikado a envoyé quelques troupes dans ses consulats à Lioutoukou dans la province de Fengtien et à Yenki dans la province de Kirin, et au début de 1911, la Russie, imitant l'exemple donné par le Japon, plaça, à son tour, des gardes militaires dans ses consulats installés dans ces mêmes villes. Les troupes russes ont été retirées (mais les Soviets y reviendront-ils ?) tandis que celles du Japon y sont toujours.

4°) En 1911, à l'occasion de la Révolution chinoise, notre voisin insulaire envoya un bataillon d'environ 600 hommes à Hankéou, situé au plein centre de la Chine proprement dite. Cette garnison a été heureusement retirée après la Conférence de Washington.

5°) En 1914, la ville de Liao-Youan, sur la frontière de la Mongolie intérieure, a été occupée par des troupes japonaises qui y séjournent encore aujourd'hui. D'autre part, tout à la fin de cette année, le Japon, ayant occupé, par suite de sa victoire sur les Allemands, le chemin de fer de Tsingtao à Tsinan, a obligé les troupes chinoises à se retirer du voisinage. Mais, après la Conférence de Washington, cette injustice a été heureusement réparée.

6°) En 1919, par un accord interallié intervenu à Vladivostok, des troupes alliées ont été chargées momentanément de la protection du transsibérien et de la ligne de l'Est chinois. Les troupes alliées en ont été retirées depuis long-temps, alors que celles du Japon y sont toujours.

La Chine n'est pas seulement envahie par des troupes étrangères ; elle a été également l'objet de l'intrusion de la police étrangère, notamment de la police japonaise. Après les négociations qui ont mis fin à la question des fameuses vingt-et-unes demandes, le Japon a tenté par trois fois — *a*) le 18 octobre 1916 ; *b*) le 5 janvier 1917 ; *c*) le 12 janvier 1917 ; — d'obtenir du Gouvernement chinois la permission d'installer des agences poli-cières japonaises dans le Sud de la Mand-chourie et dans la Mongolie intérieure orientale. Mais cette permission n'a jamais été donnée au Japon qui y a ins-tallé, cependant, ses fameuses agences policières. Actuellement le chiffre total connu du corps policier mikadonal y est d'environ 2.000 hommes, ce qui constitue déjà un nombre plus que suffisant pour nous alarmer !

En dehors de la pénétration des troupes et de la police étrangère dans l'intérieur de ses frontières, la Chine a vu, voit encore et souvent même, des navires de guerre étrangers sillonner ses eaux territoriales et ses grands fleuves. La puissance de ces forces navales est difficile à évaluer, car leur déplacement est fort fréquent. Ces vaisseaux de guerre étrangers dont la plus grande partie appartient au Japon, à l'Amérique et à l'Angleterre, stationnent généralement à Hong-Kong, à Canton, à Shanghai, à Tien-Tsin et dans les autres ports fluviaux situés sur le Yang-Tsé, car c'est dans ces cités-là que se font les échanges commerciaux entre la Chine et les autres puissances.

Voilà quel est le bilan des circonstances dans lesquelles l'indépendance chinoise est profondément atteinte tant au point de vue militaire qu'au point de vue policier et maritime. Il n'est que trop urgent, pour nous, aussi bien que pour les autres puissances intéressées, de por-

ter remède à cette situation dont la durée
sera probablement grosse de conséquences. Il ne faut pas croire que ces
forces armées policières et navales, main-
tenues ou stationnées, par les différentes
puissances sur certains points du territoire chinois pourraient, comme certaines nations l'imaginent, protéger *efficacement* la vie et les biens de leurs ressortissants résidant en Chine, si quelque
trouble pouvant les mettre en danger
s'y produisait. En réalité ces forces
armées, policières et navales, que les
diverses nations étrangères maintiennent
en Chine, sont vraiment minuscules
devant un groupe de 450 millions d'hommes et sur un morceau de terre de plus
de 11 millions de kilomètres carrés. Elles
n'y font pas d'autre chose que de sur-
exciter, franchement parlant, la susceptibilité du peuple chinois qui a l'inquiétude et la douleur — ce qui est tout naturel pour n'importe quel peuple se trouvant dans une telle situation — de voir
les puissances étrangères promener sans

cesse leur armée, leur police et leur marine à travers le territoire de son pays. La conception que les puissances étrangères ont adoptée jusqu'ici pour la sécurité de leurs sujets résidant en Chine, et qui consiste à maintenir ou à faire stationner des forces armées, policières et navales dans ce pays, n'est donc pas celle qu'elles auraient dû choisir, puisqu'elle ne peut ni répondre à la protection escomptée, ni permettre de tranquilliser la susceptibilité chinoise. Le meilleur moyen qu'on puisse trouver à cet égard est, après tout, de résoudre le problème chinois, c'est-à-dire d'organiser la Chine à la mode occidentale, de manière à ce que les puissances étrangères n'aient plus aucun prétexte pour y envoyer leurs troupes, leurs flottes et leur police.

Après ces quelques exemples que nous venons de donner dans le domaine territorial, judiciaire, douanier et militaire de la Chine, on peut aisément se faire une idée sur la situation exacte de ce pays à n'importe quel autre point de vue. Il se trouve dans un état tellement bizarre qu'on éprouve parfois de la difficulté à le classer dans une des catégories des nations du monde. Est-il dans la catégorie des puissances indépendantes ? Les exemples que nous avons cités plus haut le démentent formellement. Est-ce dans la catégorie des puissances non indépendantes ? Tout le monde répond par la négative, et même le premier paragraphe de l'article premier du traité de Washington des neuf puissances nous le dit expressément en déclarant que l'on convient de « respecter la souveraineté et l'indépendance ainsi que l'intégrité territoriale et administrative de la Chine ». Dans quelles circonstances paradoxales végète cette Chine fière tant de sa longue existence que de son éternel pacifisme ! Il est sans doute fâcheux, pour la Chine elle-même, de se trouver dans cette situation de semi-indépendance. Mais c'est aussi fâcheux, pour les puissances étrangères, de voir cette Chine se plonger dans un tel état, car c'est en voyant la

Chine devenir ainsi que les convoitises à ses dépens sont nées de leur part, et c'est à cause de ces convoitises que la concurrence et la guerre peuvent en résulter. Pour empêcher le retour de cette guerre et faire cesser cette concurrence, il faut que ces convoitises prennent fin. Pour supprimer ces convoitises, causes directes de toutes les luttes sanglantes entre les différentes nations, il faut arracher la Chine à sa situation de semi-indépendance, c'est-à-dire résoudre le problème chinois dans le sens que nous avons maintes fois indiqué plus haut. Quand ce problème sera ainsi résolu il en découlera de bons résultats, puisque cette seule solution du problème chinois aura pour bénéficiaires deux parties : d'un côté la Chine et d'un autre côté les puissances étrangères. Mais telle qu'on la voit de loin et telle qu'on l'examine de près, la Chine ne pourra jamais résoudre à elle seule le problème chinois sans adopter la manière forte à l'égard de certaines puissances qui se montrent extrêmement opposées à faire droit aux légitimes revendications chinoises. La question qu'il reste à connaître est l'avis du peuple chinois, relatif à cette affaire. Est-il partisan de la manière forte, ou au contraire, accepte-t-il une solution pacifique ? Nous répondons, sans aucune hésitation, que les Chinois, formés depuis de longs siècles, à l'école du pacifiste Confucius, ne demanderont pas mieux que de voir le problème de la Chine se résoudre de la manière la plus pacifique. Mais il s'agit là de deux parties en présence : si, d'un côté, la Chine consent à une solution pacifique, il faut bien que d'un autre côté, les puissances étrangères l'acceptent avec une égale bonne grâce. Autrement dit les puissances intéressées devront partager avec la Chine la lourde tâche qui vise à résoudre pacifiquement le problème chinois dans l'intérêt de toutes les nations du monde.

Dans quelle mesure les puissances étrangères pourront-elles aider la Chine à résoudre le problème chinois ? Nous

devons ici nous expliquer sur la signification exacte du *concours négatif* que
nous avons proposé aux puissances étrangères au commencement de ce chapitre.

Le problème chinois est essentiellement chinois. Il ne regarde que les Chinois. En principe, les étrangers n'ont pas
à y intervenir pour y trouver une solution quelconque. Ce n'est qu'en considération, comme nous l'avons fait remarquer
à plusieurs reprises, des circonstances
exceptionnelles où se trouve aujourd'hui
la Chine au point de vue international
que nous avons suggéré une coopération
sino-étrangère pour résoudre ce problème dit de la Chine. Donc le rôle des
puissances étrangères y sera plutôt passif
qu'actif ; le *concours négatif* que nous
sollicitons d'elles conviendra bien à la
réalité de choses. En effet, nous ne demandons pas aux différentes puissances
d'envoyer en Chine quelques-uns de leurs
géants de mer, un certain nombre de
leurs oiseaux artificiels ou plusieurs divi-

sions de leurs forces de terre pour y procéder, avec les autorités chinoises, au rétablissement de l'ordre d'abord, et à la modernisation ensuite. Au contraire, nous considérons que, si ces forces y ont été envoyées dans ce but, elles ne feront que nuire à la solution du problème chinois. Ce que nous voulons, ce n'est pas l'aide nouvelle apportée par les puissances étrangères, mais c'est purement et simplement leur consentement à se dessaisir, sinon tout d'un coup, du moins dans le délai le plus bref, de tous les droits moraux ou matériels qu'elles possèdent en Chine, et reconnus comme étant les principaux obstacles au développement intérieur et extérieur de ce pays. Voilà le sens exact dans lequel nous entendons un *concours négatif* de poignets et aux jambes !

Nous connaissons l'objection que l'on fait à cet égard dans les milieux politiques de certaines capitales du globe. On reproche à la Chine de ne pas avoir fait de grands progrès dans le domaine politique aussi bien que dans le domaine financier, administratif et militaire. Or, si ces reproches sont, dans une certaine mesure, vrais, ils ne sont pas tout à fait justes. Si la Chine n'a pas beaucoup progressé dans tous ces domaines, cela tient pour une large part à ce qu'elle a perdu depuis longtemps les instruments de première nécessité, tels que les grands ports commerciaux, les principaux centres industriels, les riches régions minières, la liberté du tarif douanier, l'administration des douanes, les recettes fiscales qui sont affectées plutôt à payer les indemnités des boxers et les autres dettes étrangères qu'à faire face aux dépenses nationales, etc. Donc si l'on veut que la Chine occupe une place dans l'univers pour travailler au développement du bonheur de l'humanité, il est indispensable de lui rendre certaines libertés nécessaires, et il est vraiment injuste de reprocher de ne pas avoir fait grand chose à un homme lié à la fois aux poignets et aux jambes.

CHAPITRE III

LA FRANCE ET LA CHINE

Les grandes puissances sont à l'heure actuelle assez nombreuses ; la France en est une. Pourquoi choisissons-nous celle-ci parmi elles, afin d'étudier ses relations avec la Chine ? Est-ce parce que notre article est écrit dans sa langue ? Est-ce parce que notre publication se fait dans sa capitale ? Non, mille fois non. Si nous avons pris, parmi les grandes puissances, la France comme le pays le plus digne d'être étudié dans ses rapports avec la République chinoise, c'est parce qu'elle est la sœur aînée de toutes les républiques du monde et la gardienne la plus qualifiée de la démocratie nouvelle. Héroïque dans la guerre et généreuse dans la paix, la France doit jouer, pour le maintien de la paix générale, son rôle politique de grande envergure non seulement en Europe, mais aussi dans toutes les parties du monde et particu-

lièrement en Extrême-Orient où l'hori-
zon politique tend à s'assombrir aujour-
d'hui. La France répondra-t-elle à cet
appel ? De quelle manière le fera-t-elle ?
Et quelle y sera, en particulier, son attitude à l'égard de la Chine ?

L'histoire des relations entre la France
et la Chine doit être divisée en deux
périodes : officieuse et officielle. Si la
première commence depuis la dynastie
des Ming, la seconde ne date que de la
fin de la première moitié du XIXᵉ siècle.

Dans la période officieuse, les relations
franco-chinoises n'existaient que dans
une mesure assez obscure. Pendant le
règne de la dynastie des Ming, sont parfois venus en Chine des missionnaires
français que les Chinois considéraient
comme des délégués du roi de France
venant apporter le tribut à l'empereur de
Chine. Ces relations se précisaient peu
à peu par la suite. En 1685, Louis XIV
envoya en Chine cinq jésuites qui furent
reçus avec faveur par l'empereur Kang-

Hi de la dynastie des Tsing. L'un de ces missionnaires a même été nommé président du Bureau des Astronomes, tandis que les quatre autres furent chargés de travaux artistiques. Un peu plus tard l'empereur Kien-Long (1736-1795) entretint à sa cour le P. Amiot et ses compagnons dont les travaux ont contribué à faire connaître la Chine en France. Depuis, le principal but poursuivi directement par ces missionnaires et indirectement par le Gouvernement français était de joindre à cette entreprise religieuse, une expansion commerciale en Chine. La poussée parallèle de ces deux actions avait été continuée sans grand succès jusqu'en 1844, époque à laquelle les relations entre la France et la Chine sont devenues officielles.

Si les relations franco-chinoises sont aujourd'hui excellentes, elles furent plutôt tragiques dans la première partie de cette période dite officielle. Défiée par le succès des Anglais à Nankin en 1842, la France, voulant obtenir le sien, conclut avec la Chine le traité de commerce et de navigation de Wampoa le 24 octobre 1844. Depuis l'étape douloureuse des relations entre les deux pays commença. Avec l'Angleterre, la France fit son expédition militaire de Chine de 1857-1860. Pour l'obtention de l'Indo-Chine orientale, la France fit à la Chine la guerre du Tonkin de 1884-1885. Sous prétexte du principe d'équilibre, la France prit à la Chine, en 1898, le territoire de Kouang-Tchéou-Wan pour quatre-vingt-dix-neuf ans. Avec l'Allemagne, l'Autriche, les Etats-Unis, la Grande-Bretagne, le Japon, l'Italie et la Russie, la France fit à la Chine la guerre des Boxers en 1900. Voilà des histoires aussi tristes que sanglantes dans les relations entre la Chine et la France, et qui se sont produites entre elles tant par l'ignorance réciproque, que par les considérations politiques du côté du gouvernement de Paris. En effet la France connaissait la Chine d'une façon aussi superficielle que celle dont notre pays la comprenait. Quant à sa politique à notre égard, elle était certainement plus ou moins influencée par deux facteurs : la protection des Missions catholiques et la sauvegarde des intérêts de l'alliance franco-russe en Chine. C'est à cause de ces deux facteurs que la politique française à l'égard de la Chine était celle de l'éloignement plutôt que du rapprochement.

La guerre éclata en 1914. L'amitié chinoise était très recherchée par toutes les puissances belligérantes. La suspension pendant cinq ans du payement des indemnités des Boxers que la France et beaucoup d'autres puissances ont accordée à la Chine en 1917, en est une preuve. Le fait que la République chinoise s'était rangée du côté des Alliés contre les empires centraux a changé quelque peu l'orientation politique de la France en Chine.

Après la guerre, les causes susceptibles de nuire aux bonnes relations franco-chinoises ont disparu. La Russie tzariste s'est écroulée, emportant avec elle l'alliance franco-russe, les missions catholiques n'ont plus de litiges de grande importance avec le gouvernement de Pékin, et l'ignorance mutuelle entre nos deux pays a pris fin. Rien n'empêche désormais aux deux plus grandes républiques de l'Occident et de l'Orient de l'ancien continent — l'asiatico-européenne russie étant exceptée — de pratiquer réciproquement une politique de rapprochement dans l'intérêt de deux pays aussi bien que dans celui de l'Extrême-Orient et même du monde entier.

L'attention actuelle de la politique française en Asie et dans le Pacifique porte indubitablement sur deux points : la sécurité de l'Indo-Chine et l'ouverture du marché chinois. La Chine ne refuse pas les importations françaises, et entend respecter, tout au moins pour sa part, les droits français sur l'Indo-Chine. Dès lors, pourquoi ne travaillerions-nous pas efficacement à la politique bienfaisante que nous avons indiquée plus haut ? Pour-

quoi nous querellerions-nous si opiniâ-
trement sur la question du « franc-or »
dont la solution peut se trouver assez
facilement, si chacun y apporte de la
bonne foi et fait quelques concessions
utiles ? Et pourquoi la France s'obstine-
t-elle à ne pas permettre, en Indo-Chine,
l'installation de consulats chinois, sans
lesquels nos quelques 1.000.000 de commerçants résidant dans cette colonie
française n'auront jamais une protection
humainement nécessaire.

C'est surtout dans le domaine de la
grande politique extrême-orientale que
la nécessité de la coopération franco-
chinoise se fait sentir aujourd'hui. Par-
tagé moralement entre la coalition anglo-
américaine née de la Conférence de Washington de 1921 et le bloc russo-japonais
formé le 20 janvier 1925, l'Extrême-
Orient semble un foyer où couve, à
l'heure actuelle, une prochaine guerre
dont le déclanchement n'est plus qu'une
question de temps. Au milieu de ces deux
groupements puissants il est impossible,

pour la Chine de rester neutre, car il s'agit du salut de son territoire qui serait plus que probablement le champ de bataille, si le conflit précité venait à éclater. Il en est de même pour la France, car la tranquillité de son empire asiatique dépend, dans une large mesure, de celle de l'Extrême-Orient. Bon gré, mal gré, la Chine et la France doivent prendre leur parti. Seront-elles avec Londres et Washington ? Ce sera l'écrasement du bloc russo-japonais et l'hégémonie anglo-saxonne dans le monde ! Seront-elles avec Moscou-Tokio ? Ce sera la défaite certaine des Etats-Unis et de l'Angleterre et la révolution universelle à la bolchevique. Entre ces deux moyens, aucun ne nous paraît donc susceptible d'être choisi. Comment faudra-t-il alors que la Chine et la France se comportent ?

Une certaine partie de la presse internationale mal renseignée sur les affaires de la Chine a en ce moment la fantaisie de faire courir certains bruits : que Kara-khan est actuellement le véritable chef de la République chinoise qui va bientôt faire partie de l'Union des Républiques socialistes soviétiques de Moscou, que l'alliance sino-russo-japonaise est sur le point d'être conclue pour assurer une revanche de la race jaune sur la race blanche, que la Chine va supprimer purement et simplement et, au besoin, par la force des armes, tous les avantages et privilèges accordés aux puissances étrangères en vertu des traités antérieurement conclus. Quels canards de journaux ! Et quelle erreur aussi regrettable que foncière sur la mentalité chinoise ! Nous, Chinois, peuple raisonnable, répugnons à toute doctrine de chimère et à plus forte raison à celle connue sous le nom de bolchevisme. Nous, Chinois, peuple ultra-pacifique, condamnons toute alliance offensive internationale, cause directe de toutes les conflagrations générales.. Nous, Chinois, peuple respectueux à toutes ses obligations extérieures, entendons toujours faire honneur à notre signature apposée dans tous les traités entre la Chine et les puissances étrangères. Alors, comment peut-on aller jusqu'à accuser notre pays d'être la future succursale de la Compagnie que préside Zinovieff, le futur membre de la Société panasiatique que dirige le Mikado, et le futur continuateur de la violation de traités dont les deux derniers exemples retentissants ont été donnés par l'Allemagne qui a attaqué la Belgique neutre, et la Russie soviétique qui a renié et renie encore ses dettes étrangères. S'il y a une chose certaine, c'est que la Chine veut la paix dans toutes les parties du monde, et en particulier dans l'Asie orientale, sur la question de laquelle, la France et la Chine doivent s'entendre aujourd'hui.

Comme nous l'avons vu, la France et la Chine ne peuvent se rapprocher ni de la coalition anglo-américaine, ni du bloc russo-japonais dans les affaires d'Extrême-Orient, mais elles ne peuvent non plus s'en désintéresser. L'effort que ces deux puissances ont à faire est d'éviter une rencontre sanglante entre Londres-Washington et Moscou-Tokio afin de ne pas compromettre leurs propres intérêts en même temps que la paix générale. Le meilleur moyen pour arriver à ce but est vraisemblablement, la constitution d'un troisième groupement dit franco-chinois dont la politique sera, non pas une politique contre l'un des deux blocs déjà formés, ou contre les deux à la fois, mais une politique de balance qui consistera à jouer le rôle d'arbitre entre eux, de manière que le bloc russo-japonais pas plus que la coalition anglo-américaine n'ait l'audace ou l'imprudence de se faire agresseur. Voilà ce que nous avons à conseiller à la sagesse de la France et de la Chine, et dont nous ne saurions jamais assez prier les dirigeants de Paris et ceux de Pékin d'apprécier la juste valeur. Puisse être empêchée cette prochaine guerre Extrême-Orientale qui serait probablement plus terrible encore que celle de 1914 ! Puisse être épargnée de tous les maux qui résulteraient du dit conflit, notre humanité lassée de bouleversement et assoiffée de tranquillité ! Puissent enfin être des ouvriers utiles au maintien de la paix du Pacifique, cette France républicaine et cette Chine démocratique !

CHAPITRE IV

CONCLUSION

Ayant le quart de la population totale de la terre, et occupant le treizième de la superficie globale de notre planète, la Chine ne doit pas être ignorée dans la politique internationale. Le monde, et en particulier l'Extrême-Orient souffriront, tant qu'elle souffrira. Le remède le plus efficace pour mettre fin à ces souffrances parallèles est de résoudre pacifiquement le problème chinois dans le sens que nous avons indiqué. Si les puissances intéressées, continuant à ne pas voir clair, poussent la Chine à l'extrême, il est à craindre que ce pays pacifique de tradition et généreux de tout temps, ne se voie obligé d'adopter, pour se faire respecter, la manière forte que la Russie ne cesse de lui offrir avec son communisme, et que le Japon s'efforce de lui présenter avec son militarisme. Si, au contraire, les mêmes puissances aident la Chine à résoudre le problème chinois, notre pays ne saura, pour les remercier, que travailler à la réalisation de la paix mondiale et au développement du bonheur de l'humanité. Toutes les sortes de danger chinois ou de péril jaune seront ainsi entièrement dénués du moindre fondement.

La situation politique de l'Extrême-Orient d'aujourd'hui est exactement la même que celle de l'Europe d'avant-guerre divisée en deux blocs : la triple entente et la triple alliance. Si l'Europe n'a pas pu empêcher le choc sanglant de ces deux blocs, il n'y a pas de raison que l'Extrême-Orient puisse aujourd'hui ou demain éviter la guerre entre la coalition anglo-américaine et l'union russo-japonaise. Français républicains et Chinois démocrates, unissez-vous, et faites-vous l'arbitre de ces deux parties antagonistes de façon à épargner la prochaine catastrophe Extrême-Orientale à notre humanité tout entière.

TCHANG TCHIAO.

Le 22 février 1925.

Les Émigrés Chinois dans le Monde

Si l'on voulait écrire l'histoire de l'émigration chinoise, il faudrait publier un gros volume consacré spécialement à ce sujet. Mais dans notre publication, étant limité pour le nombre de pages et par le temps, on ne peut donner qu'un aperçu bref et général de l'émigration chinoise dans les divers continents. L'étude de cette émigration se divise en six parties.

I

LES DIFFFÉRENTES CATÉGORIES D'ÉMIGRÉS CHINOIS

Il y a trois catégories d'émigrés chinois. A savoir : les commerçants et industriels, les travailleurs et les étudiants. La première catégorie comprend un tiers du nombre total des émigrés chinois à l'étranger. Ces riches commerçants et industriels jouent un rôle financier et économique prépondérant, surtout en Malaisie.

La seconde catégorie, celle des travailleurs, comprenant les deux tiers des émigrés chinois à l'étranger, se divise en deux parties : les travailleurs libres et les travailleurs contractants. La dernière sorte est généralement maltraitée par les employeurs.

La troisième catégorie qui est formée d'étudiants en comprend à peu près dix mille répartis dans les divers pays civilisés du monde. La plupart va au Japon, en Amérique et en France. D'autres vont également en Angleterre, en Allemagne et en Russie. On les rencontre dans les grandes universités et les écoles supérieures. Comme ils ne sont que des voyageurs séjournant plus ou moins longtemps dans les pays étrangers, nous ne les classons pas parmi les émigrés chinois.

II

LA RÉPARTITION DES ÉMIGRÉS CHINOIS
A L'ÉTRANGER

Les Anglais, fiers de leur prospérité économique, disent que le pavillon britannique est perpétuellement éclairé par le soleil. Nous pouvons dire aussi, modestement, que les Chinois ont perpétuellement le soleil au-dessus de leur tête. Etant aussi riches que les Juifs, aussi actifs que les Japonais et aussi persévérants que les Indiens, ces qualités les rendent incomparables aux émigrés d'aucune autre nation.

STATISTIQUE
SUR LA RÉPARTITION DES ÉMIGRÉS CHINOIS
DANS LES DIVERS PAYS ÉTRANGERS

PAYS D'EMIGRATION	ANNEES des statistiques	NOMBRE des émigrés
Honghong	1911	444.644
Macao	1910	71.021
Japon	1914	17.700
Corée	1912	15.000
Formose	1914	1.258.650
Indo-Chine française	1914	250.000
Siam	1910	1.500.000
Birmanie	1913	1.300.000
Malacca	1910	903.000
Indes anglaises......	1913	103.000
Bornéo anglais.....	1914	1.825.000
Philippines	1903	441.000
Australie	1910	25.772
Nouvelle-Zélande ...	1909	25.000
Sibérie	1914	37.000
Iles Hawaï........	1914	27.000
Etats-Unis	1914	150.000
Mexique	1900	2.834
Cuba	1914	10.000
Brésil	1914	20.000
Pérou	1904	45.000
Canada	1914	12.000
Autres pays........		80.000
TOTAL...........		9.563.621

Selon une autre statistique faite par le bureau de l'émigration, le nombre des émigrés chinois des années de 1919 à 1921 est environ d'un million dont 56.925 travailleurs venus pendant la guerre en Angleterre et en France pour être employés sur le front ou dans les usines de munitions. Ces travailleurs contractants retournent en Chine lorsque le terme du contrat expire, mais d'une façon générale le nombre des émigrés augmente tous les ans.

Comme nous l'avons dit, le plus grand nombre des émigrés chinois est en Malaisie avec 3.484.076, ensuite vient Formose avec 2.500.000, puis l'Amérique avec 320.000.

A). — Les émigrés chinois en Indo-Chine et dans les colonies européennes au-dessous de cette péninsule sont les plus aisés au point de vue matériel. Ces derniers pays sont en fait, le pouvoir politique excepté, de véritables colonies chinoises. Par exemple dans les colonies anglaises du détroit de Malacca, sur une population totale de 881.939 habitants le nombre des émigrés chinois est de 497.406, soit 56,4 % de la population totale. Leur puissance économique est au-dessus de celle des autres races. Ils détiennent en grande partie l'exploitation des mines, de l'industrie et du commerce. En plus ils fournissent la main-d'œuvre.

B). — A Formose on trouve des Chinois dès le XVIIe siècle. Cette île n'est annexée par le Japon que depuis trente ans. Selon une statistique faite en 1914, le nombre des émigrés chinois est de 2.250.000 et la population de cette île, en 1920, n'est que de 3.600.000 habitants. Théoriquement ils sont Japonais, mais moralement ils ne sont pas considérés comme tels par leurs compatriotes ou par la Métropole. Ils conservent leurs mœurs chinoises. Nous devons les considérer comme des émigrés chinois.

C). — Dans les Etats-Unis, l'émigration chinoise date de la fin du XIXe siècle. Selon les articles 5 et 6 du traité de 1868 conclu entre les gouvernements américain et chinois, les ressortissants des Etats contractants ont le droit d'entrer et de sortir librement sur leurs territoires. Le nombre des émigrés chinois résidant dans les Etats-Unis était à un moment donné de plus de 300.000. Ce nombre excessif a provoqué l'interdiction provisoire d'entrée aux travailleurs chinois pour une période de dix ans. Ces hommes laborieux se contentaient d'un salaire très bas et ils ne tardèrent pas à faire une concurrence forcément triomphante aux ouvriers locaux. L'interdiction d'entrée fut encore renouvelée en 1894 pour un terme indéfini. Par conséquent l'entrée des émigrés était arrêtée et le nombre de ces émigrés ne pouvait que diminuer. Actuellement il n'y a plus que 100.000.

D). — Au Japon et en Çorée, quoique la population soit très dense et la jalousie des habitants excessive, les Chinois s'y comptent cependant par quelques dizaines de mille.

E). — En Sibérie, dans les deux provinces de l'Est se trouvent en 1912 230.000 émigrés chinois. Ils y jouent un rôle financier assez important. Dans le port de Vladivostok, la population est de 189.946 habitants dont 79.887 sont des émigrés chinois, soit 41 % de la population totale.

La plupart des émigrés chinois sont originaires des provinces maritimes de la Chine. Les émigrants chinois en Malaisie se comptent, pour le Kouang-Tong dans la proportion d'un tiers, pour le Foukien dans la proportion de la moitié. Pour le Japon et la Corée, le Kouang-Tong et le Foukien fournissent la moitié de l'émigration. Le Chantong et le Tchili l'autre moitié. En France et en Russie se trouvent des Chinois de différentes provinces, mais surtout des Chinois du Chantong et du Tchili. Quant à l'Amérique, il n'y a presque uniquement que des Chinois du Kouang-Tong.

III

LA SITUATION DES ÉMIGRÉS CHINOIS
A L'ÉTRANGER

A). — On a déjà vu que le nombre total des émigrés chinois à l'étranger est de dix millions environ dont la plupart se trouvent en Malaisie (environ 3.500.000). Ces émigrés, au point de vue économique et financier, sont fort puissants. La plupart des grandes usines, les transports terrestres et maritimes, l'agriculture et le commerce, ne fructifient que sous l'aide chinoise. Ceux qui ont la vie la plus agréable, ceux qui ont le travail le plus pénible sont des Chinois. Ils y vivent comme dans leur patrie. Ils conservent leurs mœurs et leurs coutumes nationales. Dans les rues, on voit partout les mystérieux caractères chinois. Lorsque les fêtes nationales arrivent, les drapeaux aux cinq couleurs obscurcissent le ciel de telle sorte qu'on se croirait en Chine. Ils ont leurs écoles pour donner la culture nationale à leurs enfants et des journaux pour faire la propagande patriotique. Ils ont établi dans leur mère-patrie des universités où ils donnent à leurs enfants l'enseignement supérieur.

B). — Autrefois les émigrés chinois des colonies japonaises, la Corée et Formose, étaient assez puissants dans le commerce. Mais depuis que ces deux pays sont annexés par le Japon, il y jouent un rôle économique moindre.

C). — En Amérique, la plupart des émigrés chinois fournissent la main-d'œuvre. Il y a des banquiers et de grands commerçants. L'industrie hôtelière chinoise a fait connaître au monde la fameuse cuisine raffinée de l'Empire Céleste. Quelques centaines de restaurants chinois se trouvent dans toutes les grandes villes des Etats-Unis, où le plat de Chop Suly attire tous les gourmets américains. Malheureusement, ces émigrés, à côté de leurs brillantes qualités, ont la passion du jeu.

IV

CARACTÈRE PARTICULIER DES ÉMIGRÉS CHINOIS

En ce qui concerne leurs qualités, ils sont très patients, laborieux, persévérants et économes. Ils ont une grande endurance et ils tiennent toujours parole. S'ils ne veulent jamais se faire naturaliser dans les pays où ils se trouvent ou s'assimiler purement et simplement la civilisation étrangère, c'est d'une part parce qu'ils sont orgueilleux de la supériorité morale de la civilisation chinoise, d'autre part parce qu'ils conservent profondément l'influence du culte des ancêtres d'après lequel on doit toujours retourner dans sa patrie quand on devient vieux. Ils reçoivent souvent des injures injustes de la part des étrangers et cependant ils les supportent facilement. C'est ainsi qu'on leur reproche parfois d'être des lâches. Mais c'est surtout grâce à cette persévérance qu'ils arrivent à prospérer à l'étranger. Ils savent que leur gouvernement est trop faible pour les protéger et ils sentent aussi l'infériorité de l'organisation scientifique dans leur patrie. Chez eux, cette réaction provoque le développement d'un patriotisme qui se manifeste d'une façon très active. Si le Docteur Sun Yat Sen a réussi à renverser la monarchie des Mandchous en 1911, dans le but d'établir un gouvernement républicain et fort, c'était grâce aux millions de dollars qu'il avait trouvés chez ces émigrés patriotes. C'est qu'ils espéraient toujours avoir une patrie forte capable de les défendre. Depuis ces dernières années ils se rendent compte qu'ils ne peuvent plus avoir grand espoir dans leurs hommes politiques. Alors ils préfèrent employer leur fortune pour le développement de l'industrie et de l'instruction. On a vu, par exemple, un riche émigré donner les deux tiers de sa fortune, soit quelques millions, pour instituer une université à Amoy (Chine).

Les nègres d'Afrique ne peuvent vivre normalement dans un pays où la température est au-dessous de 40° F. Les européens vivant aux Indes sont obligés de retourner en Europe dans un intervalle de temps de trois années. Mais le Fils du Ciel peut aussi bien prospérer dans le terrible froid de la Sibérie que sous le soleil brûlant de l'Equateur.

C'est par un rude labeur et petit à petit, que les émigrés chinois constituent leur fortune. Ils la conservent grâce à la vie simple qu'ils mènent. La plupart des émigrés millionnaires ne sont à l'origine que des travailleurs. Ils savent être économes sans avarice ; ils sont même très généreux et, quoiqu'ils travaillent très durement, ils n'oublient jamais leurs parents et leurs amis restés en Chine. Ils leur envoient chaque année quelques dizaines ou centaines de francs pour leur souhaiter la bonne santé. C'est ce qu'on appelle : « une somme pour acheter du porc ». Pour faire ces cadeaux annuels, ils vont même jusqu'à emprunter, car un proverbe leur dit que les droits de l'ami passent avant ceux du créancier. Quand ils arrivent à monter avec leurs économies un établissement à l'étranger, ils savent offrir l'hospitalité à leurs parents ou amis et même aux amis de leurs amis. Ces derniers peuvent y rester jusqu'à ce qu'ils aient trouvé un emploi. Cette hospitalité ne demande aucune récompense matérielle ; car, d'après les doctrines de nos anciens sages, c'est un devoir élémentaire que celui de l'hospitalité. Quand ils deviennent riches, ils n'hésitent pas à envoyer leurs enfants dans les universités ou dans les écoles supérieures, de sorte que la deuxième génération entre tout de suite dans la haute société. Ils restent fidèles au proverbe : « Le travail intellectuel est supérieur aux travaux matériels ».

Le pacifisme est un trait de leur naturel. La guerre contre les employeurs ne leur est guère connue. Malheureusement la plupart de ces émigrés travailleurs manquent d'instruction et peut-être aussi de propreté. Ce ne sont d'ailleurs pas les seuls parmi les émigrés ; on ne voit pas que les quartiers juifs ou italiens de New-York soient plus propres que ceux de la China Town. Leur vice le plus grave est la passion du jeu. Mais en somme, leurs qualités sont profitables aux autres hommes et leurs vices ne nuisent qu'à eux-mêmes. Il est à souhaiter que les émigrés de condition supérieure guident ceux d'éducation inférieure dans la droite voie d'une vie irréprochable.

V

OBSTACLES AUX PROGRÈS MATÉRIEL
ET INTELLECTUEL DES ÉMIGRÉS CHINOIS

Si les émigrés peuvent prospérer dans le monde, c'est grâce à leurs qualités incomparables. Ils sont mal protégés par leur gouvernement ; toutefois, en Amérique, lorsque leur établissement est détruit ou incendié par les brigands, le gouvernement de Pékin proteste et réclame toujours, en vain d'ailleurs, une indemnité. Les étrangers les regardent en effet d'un œil de jalousie. La politique qu'adoptent envers eux les gouvernements locaux consiste dans l'interdiction d'entrée aux nouveaux émigrés et dans l'accord d'un régime spécial aux anciens (c'est-à-dire les corrompre à condition qu'ils ne fassent pas de mal aux blancs). Cette politique est adoptée aux Etats-Unis, au Canada et en Australie. Malgré cette inégalité du droit des gens, ils en arrivent à prospérer quand même, et cette politique est adoptée non seulement dans les colonies européennes et américaines, mais aussi au Sud de la Chine. Il est regrettable que les nations civilisées emploient contre les émigrés chinois des moyens vexatoires si contraires au droit des gens.

VI

LES ÉMIGRÉS CHINOIS, LA CHINE ET LE MONDE

A). — Les émigrés chinois et la Chine.

La Chine a, en 1897, une population de 410.000.000 d'âmes, en 1902 de 430.000.000 et en 1917 de 489.000.000. Selon ces trois statistiques, on voit que pendant un intervalle de temps de cinq années, la population a augmenté de 20.000.000, soit une augmentation de 4.000.000 par an.

Alors que la Mongolie, le Turkestan et le Thibet ne sont pas encore mis en exploitation, le seul remède pour éviter la surpopulation en Chine est uniquement l'émigration. Au point de vue du commerce extérieur, l'importation dépasse l'exportation. Ce fait fâcheux, en ce qui concerne la balance de compte, ne produit aucunement le phénomène de la baisse de la monnaie nationale. Ceci, grâce à l'envoi annuel en Chine de sommes considérables par les émigrés chinois à l'étranger. Par exemple, les sommes venant de l'Amérique sont d'environ 12.000.000 francs et de la Malaisie 80.000.000 francs. La somme totale annuelle envoyée par les émigrés de tous les coins du monde est égale au tiers du revenu total du gouvernement central, soit 8 milliards de francs.

B). — Les émigrés chinois et le monde.

Les plus longs chemins de fer du monde, comme le chemin de fer de l'Océan Pacifique au Canada et le grand chemin de fer de l'Amérique du Nord dans les Etats-Unis, ont été construits, pour la plus grande part, par l'apport des travailleurs chinois. La partie Est du Transsibérien est entièrement construite par les travailleurs de la province de Chantong. C'est encore grâce à leur capacité à supporter la chaleur terrible, que les chauffeurs chinois sur les grands bateaux peuvent faire aisément le service du transport entre l'Europe, l'Australie et l'Extrême-Orient. Toutes les îles de la Malaisie qui n'étaient, il y a un siècle, que des terres sauvages, sont mises aujourd'hui en exploitation par nos émigrés.

Pendant la grande guerre mondiale, 46.000 travailleurs chinois sont venus en Europe pour creuser des tranchées sur le front et travailler dans les usines de munitions des Alliés. Enfin, s'il n'y avait pas de travailleurs chinois dans le monde, la production économique mondiale en serait sensiblement diminuée.

VII

CONCLUSION

On peut se rendre compte maintenant du rôle important que jouent les émigrés chinois dans le monde. Ils attendent avec patience que leur patrie devienne plus forte pour protéger ses enfants à l'étranger, de sorte qu'ils puissent vivre sur un pied d'égalité avec les autres nations. Ils sont sûrs d'arriver un jour à ce but. Le jeune Fils du Ciel s'est réveillé depuis la Révolution de 1911. *Est-il vraiment doué d'incapacité,* comme l'a dit M. Jean Rode, dans la conclusion de son ouvrage « Le Chinois » ? S'il avait une intelligence réellement inférieure aux autres peuples, il n'aurait pas la civilisation la plus ancienne. Il sait bien aujourd'hui, qu'avec sa philosophie et sa littérature, il ne peut résister aux canons occidentaux. Il s'efforce de travailler actuellement sur le terrain scientifique. Avec ses qualités de labeur, de patience, de persévérance et d'endurance, rien ne peut empêcher ce corps formidable de 450.000.000 d'âmes de progresser dans la voie de la prospérité. Je puis conseiller aux Occidentaux soucieux de l'avenir du monde de ne pas craindre le péril jaune, car la nature du Fils du Ciel, comme celle de l'eau, est essentiellement pacifique. Elle n'est point dangereuse en elle-même. L'eau est utilisable et indispensable pour la vie. Pour l'utiliser dans l'océan, on doit avoir seulement un peu de prudence, de façon à éviter ses pressions qui peuvent être formidables. Nous ne demandons pas mieux de mettre avec les Occidentaux sur le pied d'égalité et du droit des gens nos richesses naturelles et le trésor de beauté et de sagesse de notre civilisation pourvu que les autres nations y coopèrent de toute leur bonne volonté.

SAOFONG WOU.

La Politique Britannique en Extrême-Orient avant, pendant et après la Conférence de Washington.

Le monde a subi de grandes pertes matérielles du fait de la dernière guerre. Un rétablissement était indispensable pour remédier à cette situation. Le moyen le plus efficace qu'on pût trouver à cet égard fut le développement intense de l'industrie et du commerce. Pour procurer des ressources nécessaires à l'industrie et des débouchés indispensables au commerce, tout le monde est d'avis qu'il faut aller en Extrême-Orient, en Chine particulièrement, car il est vraiment difficile de trouver des terrains nouveaux en Europe, où il y a peu de clientèle et trop de concurrence pour le développement de cette activité économique. La Chine, qui peut jouer un très grand rôle au point de vue politique et économique dans le monde futur, nous a déjà montré son importance dans la dernière Conférence de Washington. Les pays rivaux qui luttent avec acharnement dans cette partie du monde sont en premier lieu : l'Angleterre, les Etats-Unis et le Japon. Là, couvait le feu violent de la future guerre américano-japonaise lors de la question de l'immigration japonaise aux Etats-Unis. En face de cette future guerre américano-japonaise, l'attitude de l'Angleterre mérite d'attirer toute notre attention, car c'est elle qui devait décider par son poids quel serait le vainqueur de ce futur conflit qui ne serait pas moins sanglant que le fut la dernière guerre mondiale. Donc, il est nécessaire que nous fassions une étude précise sur la politique britannique en Extrême-Orient avant, pendant et après la Conférence de Washington.

L'Angleterre est une île. L'expression d'Albert Sorel nous explique très bien l'attitude de l'Angleterre au cours des siècles. Elle ne vit que sur l'eau et elle ne se développe que sur l'eau. Elle est fière d'être la Reine des mers, protégée par une marine puissante et enrichie par d'immenses colonies avec lesquelles elle peut faire le commerce selon ses besoins. Ayant successivement obtenu des avantages et des concessions territoriales en Chine dans les années 1840 et 1860, l'Angleterre se considéra satisfaite de la situation acquise, mais surveilla très jalousement la politique de tout autre puissance qui eusse pu devenir une concurrente redoutable pour elle.

Cependant, la seule rivale pour l'Angleterre était la Russie qui avait toujours la conception d'un débouché en Sibérie, sur une mer libre, dont elle avait cherché vainement l'accès pendant des siècles. Dès 1860, la Russie commença à faire grande figure en Asie. Elle avait étendu ses conquêtes jusqu'à l'Amour et à l'Oussouri et fondé depuis, Vladivostok sur le grand Océan. En 1870, la Russie avait réussi un échange des îles Kouriles contre

Sakaline avec le Japon. Dès lors, on vit qu'elle portait nettement ses vues dans la direction de Pékin. En 1895, une entreprise énorme fut établie pour la construction du chemin de fer qui traverse toute la Mandchourie. La Russie atteignit à peu près ses buts dans l'Océan Pacifique. Mais, après la guerre sino-japonaise, la Russie fut très jalouse de la mainmise du Japon sur la péninsule du Liao-Tung et elle chercha, par tous les moyens possibles à empêcher le Japon de jouir des avantages qu'il retirerait de cette conquête. La Russie comprit l'inquiétude de l'Allemagne au sujet de l'accroissement de la puissance japonaise en Extrême-Orient. Elle manœuvra très adroitement en amenant la France, son alliée, et l'Allemagne, à adresser une espèce d'ultimatum au Japon, lui enjoignant d'abandonner tous les territoires du Liao-Tung. En 1898, les rêves d'une mer libre et d'un débouché en Sibérie furent complètement réalisés pour la Russie, puisqu'elle prenait à bail

Talien-Ouan et Port-Arthur, place forte de premier ordre commandant le Pét-chili, et qu'elle obtenait en plus le droit de relier cette ville à la ligne de Mand-chourie.

Cette puissance étendit donc une influence sans cesse grandissante dans le Nord de la Chine, et elle avait une force maritime telle, que l'on aperçut les emblèmes russes flottant dans l'Océan Pacifique et sur le fleuve Yang-Tse. Quelle attitude devait adopter l'Angleterre en face de cette menace de la politique navale et économique de la Russie ? L'Angleterre, exaspérée, s'empara alors des îles de Chu-San. On crut, un moment, à la possibilité d'une guerre entre l'Angleterre et la Russie. Malgré tout, l'Angleterre, toujours prudente, suivit sa politique d'opportunisme, et ne risqua rien. Par contre, elle trouva finalement un adversaire de la Russie en la personne du Japon, qui opposa une barrière solide à la Russie du côté de la Chine. L'Angleterre s'allia donc, à la date du 30 janvier

1902, avec le Japon. Ce fut grâce à cette alliance que le Japon ne se trouva plus isolé en Extrême-Orient. Ce fut un grand encouragement que lui donna l'Angleterre. Après la guerre russo-japonaise, le traité de Portsmouth fut conclu. Et ce fut la cession de Sakaline, la possession de Port-Arthur et du Liao-Tong au profit du Japon. Nous pouvons conclure que le rôle russe en Asie fut tout de suite diminué après sa défaite, et l'Angleterre vit ainsi le triomphe complet de sa politique d'alliance angio-japonaise.

Quoique son adversaire la Russie fût battue en Asie et éliminée de ces contrées, néanmoins, l'Angleterre ne jouissait pas encore de la tranquillité dans les domaines maritimes, car, cette fois-ci, elle trouva un adversaire plus redoutable que la Russie, qui menaçait l'Angleterre non seulement en Asie, mais encore dans tous les domaines de son activité. Cet adversaire était l'Allemagne qui commençait depuis 1870 à prendre son essor économique, favorisé par les victoires militaires. Le développement de l'industrie et du commerce en Allemagne, fut rapide. Il fallait donc chercher pour elle des débouchés. La lutte commerciale entre l'Angleterre et l'Allemagne s'engagea dès lors pour les marchés mondiaux. L'Allemagne ne s'essayait pas seulement dans le développement commercial, elle tentait de se lancer dans la voie de la colonisation. « Notre avenir est sur l'eau », phrase célèbre prononcée par Guillaume II, était presque un défi lancé par l'empereur à la Reine des mers. La baie de Kiao-Tchéou fut transformée ; un développement intense économique, commercial et maritime y naquit. Les Allemands ont voulu faire de leur nouvelle acquisition un autre Hong-Kong. Cette petite Allemagne en Extrême-Orient menaçait plus directement l'Angleterre dans ses colonies des Indes. L'Angleterre prévit déjà une guerre très prochaine qui allait éclater en Europe et à laquelle elle devait prendre part. Mais avant tout, il fallait qu'elle cherchât un allié en Asie pour garantir une sécurité nécessaire dans ses domaines coloniaux des Indes. Par suite, avec cet allié, l'Angleterre pourrait exercer une politique d'obstruction systématique contre toute expansion allemande en Asie. Ce fut avec ces arrière-pensées que l'Angleterre renouvela le traité anglo-japonais le 30 août 1905. Dès le 12 août 1914, le Japon déclarait solennellement la guerre à l'Allemagne, puis il envoyait sans tarder une escadre et des troupes de débarquement au Chang-Tong. L'expédition réussit. Dès lors l'Asie fut ainsi débarrassée de toute influence germanique. Deuxième triomphe pour l'Angleterre dans sa politique d'alliance anglo-japonaise.

Deux adversaires redoutables, la Russie et l'Allemagne sont éliminés par l'Angleterre. Quelle est la situation en Extrême-Orient à l'heure actuelle ? Après la guerre, les bords de l'Océan Pacifique prirent un aspect nouveau, car deux nouvelles puissances navales, les Etats-Unis d'Amérique et le Japon, y luttent avec acharnement. Si l'Angleterre veut maintenir son ancienne situation en Extrême-Orient, et limiter les suprématies américaine et japonaise qui s'accroissent de jour en jour en Asie, la politique la plus opportune pour elle était de choisir, entre ces deux puissances, l'une d'elles pour combattre l'autre. Quoique l'Angleterre se trouvât dans une situation embarrassante ; d'un côté, le Japon qui était son allié et qui avait collaboré depuis longtemps avec elle ; de l'autre côté, l'Amérique qui se rattache à elle par un lien de parenté, par la tradition et par une langue commune, elle se décide à se séparer du Japon et à tendre la main aux Etats-Unis. Cette politique de séparation d'avec le Japon était dominée par plusieurs raisons : en premier lieu, en présence de l'hostilité des Dominions, l'Angleterre comprenait que le renouvellement du traité d'alliance anglo-japonaise était impossible ; en deuxième lieu, l'agrandissement de la force navale japonaise donnait à l'Angleterre une inquiétude profonde au sujet de ses Dominions ; en troisième lieu, le Japon avait acquis pendant la guerre des intérêts spéciaux en Chine trop grands [surtout depuis les fameuses vingt-et-une demandes soumises par le Japon au gouvernement chinois en 1915] ; en quatrième lieu, le Japon appliquait une politique « de grand continent asiatique » avec l'intention d'expulser la race blanche de ses empiètements injustifiés dans l'Asie. Avant tout, il fallait que l'Angleterre cherchât une solution en vue de limiter le champ d'action du Japon en Extrême-Orient. L'Angleterre se mit donc d'accord avec les vues du gouvernement des Etats-Unis et prépara une Conférence en invitant le Japon à y participer. C'est ainsi qu'eut lieu en 1921 la Conférence de Washington. Nous pouvons en résumer le programme en deux grandes parties : 1° limitation des armements navals ; 2° question concernant le Pacifique et l'Extrême-Orient et plus particulièrement la Chine. Quelle œuvre en est-il résulté ? Nous pouvons la résumer comme ci-dessous :

1° La course aux armements a été arrêtée.

Parmi les trois grandes puissances navales, le Japon est la plus défavorisée.

2° L'alliance anglo-japonaise a été abolie.

Cette abolition peut empêcher au Japon toute la liberté d'action en Chine.

3° Une évacuation du Chang-Tong et un renoncement à un bon nombre de privilèges et avantages que le Japon avait obtenus en Chine.

4° Une égalité de chances pour le commerce et l'industrie, sous le nom de la Porte Ouverte.

Nous pouvons conclure jusqu'ici que la Conférence de Washington est nettement une défaite pour le Japon et un rapprochement entre l'Angleterre et les Etats-Unis. Tels sont les résultats de la politique britannique pendant la Conférence de Washington.

Après la Conférence, nous voyons déjà les diverses conséquences qui en découlent. Le Japon, le 20 janvier dernier, a signé un traité avec la Russie, dans lequel se manifeste une politique défensive de la race jaune contre la race anglo-saxonne. En Angleterre, la question de la fortification du port de Singapour fut tout de suite mise sur le tapis, à l'avènement du parti conservateur anglais au pouvoir. Tout récemment, le Comité de Défense Impériale a décidé la création d'une grande base aérienne et navale à Singapour. Tous ces préparatifs militaires et diplomatiques ne sont qu'un signe de la future guerre mondiale entre les deux blocs anglo-saxon et russo-japonais.

Pour la Chine, quelle attitude prendra-t-elle devant cette lutte qui la touche particulièrement ? On parlait tout récemment dans les journaux que le Japon amènerait la Chine à participer à l'alliance russo-japonaise et que la race jaune s'allierait, sous une forme triangulaire, contre la race blanche. Est-ce que cela serait possible ? Ayez confiance en la Chine, elle ne nourrit aucune intention agressive, qui, non seulement serait pour elle un danger, mais encore pourrait être un attentat contre la paix universelle. La Chine comprend que ce fut la triple alliance qui engendra la dernière guerre mondiale et que le seul facteur qui puisse faire régner la paix, c'est la Société des Nations ! L'attitude qu'elle adoptera sera plutôt de jouer le rôle de médiatrice pour faire disparaître tous les conflits entre les deux blocs anglo-saxon et russo-japonais. Le monde pourrait ainsi jouir d'une vraie paix universelle. La Chine travaille toujours pour cette paix ; son devoir est de combattre toutes les idées impérialistes et celles de la Troisième Internationale. La Chine est toujours fidèle aux côtés de ses alliés et c'est un bon membre de la Société des Nations. Elle est grande admiratrice de la doctrine démocratique et se considère toujours comme la sœur cadette de la France !

LING CHANG.

Les relations
diplomatiques Sino-Japonaises

Si l'on voulait avoir une opinion véritable sur les relations diplomatiques sino-japonaises, il faudrait remonter à l'origine de la formation de ces deux pays.

En 219 avant Jésus-Christ, le premier Chinois, Shu-Fo, fut envoyé par l'empereur Ch'in Chi pour une mission mystérieuse au Japon. Cette nation envoya en Chine des messagers pour y porter des offres, des moines en vue d'étudier les théories boudhistes, et des étudiants pour y apprendre la civilisation, l'organisation et le droit. Tout ceci se passait pendant la dynastie des Han (206 av. J.-C.-219 ap. J.-C.), des Wei (220-267), des Souei (289-617) et des Tang (618-906). Cela s'arrêta pendant la dynastie des Soung méridionaux (1127-1276).

K'oublaï, l'empereur des Youen (1277-1367) exigeant des tributs, envoya un messager au Japon pour les lui demander. Le Japon fit tuer l'ambassadeur. L'empereur lança alors 4.000 navires de guerre et 150.000 hommes pour envahir Kiou-Siou. Ces bâtiments ayant été coulés, les troupes périrent.

Vers les Ming (1368-1693) les pirates japonais jetèrent le trouble le long des côtes chinoises.

Jusqu'aux T'sing (1694-1911) les commerçants des provinces du Kiang-Sou et du Tche-Kiang allèrent à Nagasaki pour y faire le commerce. Les commerçants japonais vinrent aussi de plus en plus à Chang-haï. Le premier traité sino-japonais n'a été signé qu'en 1870. Dès lors, le désaccord survint et ne cessa de s'accentuer jusqu'à nos jours.

I

L'OCCUPATION DU RIOU-KIOU PAR LE JAPON

Ce fut le premier pas de l'empiètement de la Chine par le Japon quand il occupa le Riou-Kiou. Composé de trente-six petites îles, ce pays était tributaire de la Chine depuis la dynastie des T'ang. Il est situé dans la mer de Chine orientale, entre le Japon et l'île Formose (taï-Wan). L'île Formose était également tributaire de l'Empire chinois. Elle est habitée à l'Est par des peuplades barbares qui tuèrent des commerçants du Riou-Kiou en 1872 et qui coulèrent leurs navires. Le Gouvernement chinois ne s'en occupa pas. L'année suivante, les Japonais se trouvèrent dans le même cas. Leur Gouvernement profita de cette occasion pour lancer cinq navires de guerre et écraser les peuplades. Le Gouvernement chinois demanda au Gouvernement japonais d'évacuer ses armées. Le Japon envoya un plénipotentiaire à Tien-Tsin pour conférer ; la négociation n'ayant pas réussi,

la guerre fut presque déclarée. Comme
suite à la médiation du ministre d'Angleterre à Pékin, la Chine versa au Japon
une indemnité de 10.000 taels pour les
familles victimes et 40.000 taels pour les
dommages causés. Ceci se passait en 1874.
Après cette rupture, le Japon profita de
la faiblesse de la Chine pour établir sa
domination absolue sur le Riou-Kiou. Il
lui défendit de payer le tribut à la Chine.
En 1879, le souverain de Riou-Kiou mou-
rut, le Japon occupa le trône et soumit le
pays à sa domination.

II

LA QUESTION DE LA CORÉE

Après avoir annexé Riou-Kiou, le
Japon, trouvant que cela avait été favorable à l'expansion du pays, décida d'envahir la Chine. Il s'essaya d'abord à la
Corée, royaume vassal de la Chine et
situé à vingt-quatre heures du Japon. Il
conclut avec elle, en 1876, le traité d'égalité de commerce japono-coréen, et il la

reconnut indépendante. D'après ce traité, il pouvait négocier directement avec elle sans que la Chine eut à s'en occuper. Puis ce fut en 1882, les Etats-Unis ; en 1883, l'Angleterre ; en 1884, la Russie et en 1886, la France qui successivement signèrent avec elle les mêmes traités. En 1881, en Corée, la partie innovatrice (les partisans de la reine) était au pouvoir. Elle voulut former un nouveau gouvernement et créer une forte armée d'officiers japonais. Le parti des conservateurs convoqua les soldats pour tuer la reine, et il brûla la légation du Japon. Le Gouvernement japonais envoya des troupes en Corée, et Séoul, la capitale, fut prise. Une indemnité de 500.000 dollars fut versée et une garnison japonaise y fut établie. La Chine médiatrice, envoya, elle aussi, des cuirassés en Corée, mais les partisans japonais de Corée projetèrent secrètement de tuer les partisans chinois. Pour cela, d'accord avec le ministre du Japon, et à l'occasion du banquet de l'inauguration de la poste, les armées japonaises marchèrent sur le palais royal. Yuan Che-Kaï, qui était alors commissaire du commerce de Chine à Séoul, commanda une troupe pour sauver le palais et chassa les troupes japonaises. En 1885, le Gouvernement japonais envoya, à cause de cette affaire, un ministre en Corée afin de négocier. Le Gouvernement coréen versa une indemnité de 130.000 dollars pour signer la paix avec le Japon. Après cela, voulant régler la question coréenne entre les deux pays, les gouvernements chinois et japonais adressèrent des envoyés extraordinaires à Tien-Tsin pour conférer. Le traité fut signé ; les deux gouvernements sont d'accord pour laisser la Corée instruire elle-même ses armées, et pour *s'informer* mutuellement avant d'envoyer des troupes, s'il y a des troubles en Corée. Ce traité fut le point de départ de la guerre sino-japonaise.

III

LA GUERRE SINO-JAPONAISE

Depuis lors, la situation coréenne ne cessa d'être menacée au Sud par le Japon, et au Nord par la Russie. Voulant éviter la menace russe, le Japon décida de détruire la Corée. Pour atteindre ce but, il fallait que la Corée fût indépendante. Le Japon chercha donc quelques prétextes pour faire la guerre avec la Chine et la vaincre, afin de lui enlever sa situation en Corée. En 1894, le parti de « la civilisation orientale » se souleva dans le Sud-Ouest de la Corée. Le Gouvernement coréen demanda du secours à la Chine. Celle-ci, se conformant au traité de Tien-Tsin, envoya, d'une part, des cuirassés à Tchemoulpo et à Asan et informa, d'autre part, le Gouvernement japonais de la cause de la mobilisation chinoise. Le Japon envoya, lui aussi, une très forte armée en Corée. Lorsque les troupes des deux pays se trouvèrent sur les lieux du combat, les troubles cessèrent. Il ne restait plus qu'à évacuer, comme le fit savoir Yuan Che K'aï, au ministre japonais. Mais le Japon, trouvant le moment propice pour faire la guerre, il la commença alors sans déclaration. Le 25 juillet, le bateau *Kooshing,* qui portait des troupes chinoises et des munitions, fut coulé à l'embouchure du Ya-Lou par les Japonais. La guerre fut déclarée le 1ᵉʳ août. Le 26, le Japon força la Corée à signer une convention qui la rendait indépendante. Le 16 septembre, les Japonais bousculèrent les Chinois à Ping-Yang, tandis que leur flotte dispersait le lendemain la flotte chinoise à l'entrée de Ya-Lou. Le 21 novembre, ils s'emparèrent de Port-Arthur et le 30 janvier 1895, de Wei Haï Wei. Le 6 mars, ils occupèrent Nieou-Tchouang. Une nouvelle armée débarqua le 23 à Formose et prit Ki-Loung le 3 juin. Le chancelier Li Hung-Tchang, envoyé au Japon pour négocier et établir les conditions de la paix, était victime de la part d'un fanatique japonais, d'une tentative d'assas-

sinat. Après de longues et pénibles négociations, le 17 avril, un traité fut signé
par les deux pays à Shimonoséki. La
Chine était obligée de reconnaître l'indépendance de la Corée ; de verser une
indemnité de 200 millions de taels ;
d'abandonner le Sud de Liao-Toung, l'île
de Formose et les Pescadores ; d'ouvrir
Tchong-King, Cha-Che, Sou-Tchéou et
Hang-Tchéou. Ce traité comblait les dé-
sirs du Japon de prendre la Corée, pour
ensuite pouvoir envahir la Mandchourie;
mais la Russie qui projetait depuis bien
longtemps de s'étendre en Extrême-
Orient, et qui voulait posséder un port
dans le Pacifique pour atteindre la « mer
libre », sentit son plan renversé par le
Japon. La Corée et les Pescadores, entre
ses mains, c'était pour elle trop de danger. Elle intervint avec la France et
l'Allemagne et obligea le Japon à restituer ce dernier territoire. Le Japon obéit,
mais demanda à la Chine *une compensation de 30 millions de taels.* La grande
ambition japonaise d'asservir la Mand-

chourie ayant échoué, de là la haine profonde que le Japon voua à la Russie. Il
se prépara à la combattre.

IV

LA GUERRE RUSSO-JAPONAISE

La Russie poursuivit seule sa politique
d'expansion, elle occupa la Mandchourie
pendant l'insurrection des Boxers (1900) ;
elle y resta sous prétexte d'assurer la
sécurité de la construction du transmand-
chourien. En même temps, elle trans-
forma Port-Arthur en un redoutable
arsenal ; elle créa une flotte du Pacifique ; enfin elle prétendit à la Corée. Le
Japon se prépara, lui aussi, à la guerre :
il fit alliance avec l'Angleterre (1902) ;
il procéda à des préparations militaires. En 1903, il demanda à la Russie
de retirer ses armées de la Mandchourie.
Après de longues négociations, le 8 février,
le Japon attaqua la Russie. Il torpilla
deux flottes russes devant Port-Arthur.

Le 29 avril, la première armée japonaise, commandée par le général Kuroki, franchit le Ya-Lou. Le 5 mai, le général Oku, commandant la deuxième armée japonaise, débarqua à Pi-Tse-Wo. Le 6, Kuroki pénétra à Foung-Houng-Tcheng. Le 26, Oku enleva les lignes de Kin Tcheou, et le 8 juillet, il occupa Kaï Ping. En juillet, la troisième armée japonaise, ayant à sa tête le général Nadzu, débarqua à Ta-Kou-Chan, et rejoignit Oku après avoir occupé la passe de Feu-Chouei-Lin. D'autre part, la quatrième armée japonaise avec Nogi à sa tête, débarqua à la baie de Kerr et commença le siège de Port-Arthur. Le 10 août, une grande bataille navale se termina par un désastre russe. Du 25 août au 4 septembre, une terrible campagne fit rage à Leao-Yang entre les Russes, commandés par Kuropatkin et les Japonais avec Oyama, Oku, Nadzu et Kuroki ; elle fut suivie d'une grande bataille livrée sur les bords du Cha Ho du 9 au 14 octobre. Le 2 janvier 1905, Port-Arthur, défendu

par le général Stroessel, se rendit à Nogi.
Après la nouvelle grande bataille de
Moukden, du 1ᵉʳ au 9 mars 1905, livrée
par l'ensemble des armées japonaises
avec Oyoma, Oku, Nadzu, Kuroki, Nogi,
le Japon se vit victorieux le 21 mars, et
il arrêta la poursuite des Russes. L'escadre russe de la Baltique, composée de
vingt navires, avait quitté, le 2 janvier,
Libau sous les ordres de l'amiral Ro-
jestvenski. Elle fut anéantie dans le
détroit de Tsou-Shima par l'amiral Togo.
La Russie dut traiter. Par la paix de
Portsmouth (5 septembre) proposée par
le Président des Etats-Unis, Roosevelt,
elle reconnut le protectorat des Japonais
sur la Corée. Port-Arthur leur fut abandonné ainsi qu'une partie du transmand-
chourien et de l'île de Sakhaline. La
Russie devra d'autre part évacuer la
Mandchourie rendue à la Chine. Dans la
même année, le Gouvernement japonais
envoya un ambassadeur à Pékin pour
conclure avec le Gouvernement chinois
un traité sur les affaires mandchou-

riennes d'après-guerre. La Chine accepta d'ouvrir seize villes aux étrangers comme ports commerciaux et accorda aux Japonais de construire le chemin de fer Antoung-Moukden à un point de vue utilité commerciale et non militaire. La Chine s'engagea à le racheter après quinze ans. Dès lors, grâce à la Corée protégée par son empire, au Sud mandchourien soumis à sa domination, le Japon devint puissant tandis que la Russie, défaite, fit taire ses ambitions en Extrême-Orient.

V

LA PRISE DE KIAO-TCHÉOU PAR LE JAPON

Kiao-Tchéou, situé dans le Sud-Est du Chan-Tong, a été cédé à bail pour quatre-vingt-dix-neuf ans à la suite d'une convention signée en 1898 avec l'Allemagne. Elle en avait fait un port militaire en Extrême-Orient. En 1914, la Grande Guerre éclata, la Chine proclama sa neutralité le 6 août, tandis que

le Japon, sous prétexte d'alliance anglo-
japonaise, lança le 15 août un ultimatum
à l'Allemagne pour l'inviter à lui remettre Kiao-Tchéou sans conditions avant
le 15 septembre pour le transférer à la
Chine. L'Allemagne, connaissant l'ambition japonaise et comprenant que le
Japon ne demandait qu'à servir ses intérêts, refusa. Le 23 août, le Japon déclara
la guerre à l'Allemagne et en informa la
Chine. Celle-ci voulut mobiliser avec le
Japon, mais ce dernier s'y refusa. La
Chine désigna alors Loy-Tchean, Loung-
Kéou et les environs de Kiou-Tchéou
comme zone de limite pour les opérations militaires, car elle avait déjà vu
ce que la guerre russo-japonaise avait
causé d'effrayants massacres en Mandchourie. Les armées anglaises obéirent,
mais les armées japonaises, violatrices
de la neutralité de la Chine, débarquè-
rent à Loung-Keou, elles occupèrent les
villes et les villages ; prirent les bureaux
de postes et les télégraphes ; réquisition-
nèrent et forcèrent les habitants d'être
à leur disposition. Elles saisirent la gare

de Wei-Hien, et chassèrent les armées chinoises loin des voies ferrées. Elles changèrent tous les employés du chemin de fer et des mines et en mirent en plus grand nombre. Le Gouvernement chinois protesta auprès du Gouvernement japonais, mais celui-ci ne répondit pas. Le 7 novembre, Kiao-Tchéou capitula et la guerre fut terminée. Les troupes anglaises évacuèrent le territoire. Les troupes japonaises non seulement demeurèrent, mais encore furent renforcées. Le Japon profitait de ce que les Puissances ne pouvaient s'occuper de l'Extrême-Orient. Il voulait s'appuyer sur Kiao-Tchéou, sur le chemin de fer de Kiao-Tchéou-Tsinanfau et sur la Mandchourie méridionale pour détruire l'équilibre des Puissances et asservir la Chine.

VI

LES VINGT-ET-UNE DEMANDES

Si le Japon n'avait pas adressé les vingt-et-une demandes à la Chine, son ambition eût paru moins redoutable. Le 4 décembre 1914, le ministre du Japon à Pékin, Hioki, a été, sous prétexte de conférer d'une question extérieure, appelé par son Gouvernement à revenir à Tokio pour préparer ces demandes avec le ministre des Affaires Etrangères. Le 18 janvier 1915, après son retour de Tokio, il remit au Président Yuan Chi-K'aï les fameuses vingt-et-une demandes réparties en cinq paragraphes. Voici le document :

I

Le Gouvernement japonais et le Gouvernement chinois, désireux de maintenir la paix générale dans l'Asie orientale, et en vue de renforcer les relations amicales et de bon voisinage existant entre les deux nations, se sont mis d'accord sur les articles suivants :

ARTICLE PREMIER. — Le Gouvernement chinois s'engage à donner son complet agrément à toutes les questions sur lesquelles le Gouvernement japonais pourra, par la suite, se mettre d'accord avec le Gouvernement allemand, concernant la disposition de tous droits, intérêts et concessions que l'Allemagne possède en vertu du traité ou d'autre façon, concernant la province du Chantoung.

ART. 2. — Le Gouvernement chinois s'engage à ne céder, ni louer à bail sous aucun prétexte, à une tierce puissance, aucun territoire de la province du Chantoung, ni aucune île située sur ses côtes.

ART. 3. — Le Gouvernement chinois consent à ce que le Japon construise une voie ferrée de Tchefou au Loung-Kéou pour rejoindre la voie ferrée Kiao-Tchéou-Tsinanfau.

ART. 4. — Le Gouvernement chinois s'engage, dans l'intérêt du commerce et pour la résidence des étrangers, à ouvrir de lui-même, le plus tôt possible, certaines agglomérations et villes importantes de la province de Chantoung, comme ports commerciaux. La désignation des villes à ouvrir fera l'objet d'un accord particulier.

II

Le Gouvernement chinois ayant toujours reconnu la situation particulière dont jouit le Japon dans la Mandchourie méridionale et la Mongolie centrale et orientale, le Gouvernement japonais et le Gouvernement chinois se sont mis d'accord sur les articles suivants :

Article premier. — Les deux parties contractantes consentent à ce que la durée de la concession à bail de Port-Arthur et de Dalny, et celle des chemins de fer du Sud de la Mandchourie et de Antoung à Moukden, soient portées à quatre-vingt-dix-neuf ans.

Art. 2. — Dans la Mandchourie méridionale et dans la Mongolie centrale et orientale, les sujets japonais auront le droit de louer à bail ou d'acheter les terrains nécessaires à l'érection de bâtiments convenables pour le commerce, l'industrie ou le fermage.

Art. 3. — Les sujets japonais seront libres de résider et de se déplacer dans la Mandchourie méridionale et dans la Mongolie centrale et orientale et de s'y livrer à n'importe quel commerce ou industrie.

Art. 4. — Le Gouvernement chinois s'engage à accorder aux sujets japonais le droit d'ouvrir des mines dans la Mandchourie méridionale et dans la Mongolie centrale et orientale. Il sera conjointement décidé quelles mines pourront être ouvertes.

Art. 5. — Le Gouvernement chinois consent, en ce qui concerne les deux cas visés ci-dessous, à ce que l'acquiescement du Gouvernement japonais soit en premier lieu obtenu préalablement à toute action : a) Chaque fois qu'un sujet d'une tierce puissance sera autorisé à construire un chemin de fer ou qu'un emprunt sera effectué avec une tierce puissance dans le but de construire une voie ferrée dans la Mandchourie méridionale ou dans la Mongolie centrale et orientale ; b) chaque fois qu'un emprunt sera sur le point d'être fait à une tierce puissance, gagé sur les taxes locales de la Mandchourie méridionale et orientale.

Art. 6. — Dans le cas où le Gouvernement chinois utiliserait des conseillers ou instructeurs politiques, financiers ou militaires dans la Mandchourie méridionale ou la Mongolie centrale et orientale, le Gouvernement chinois s'engage à consulter d'abord le Gouvernement japonais.

Art. 7. — Le Gouvernement chinois consent à remettre au Gouvernement japonais, pour une durée de quatre-vingt-dix-neuf ans à compter de la signature du présent accord, le contrôle et la direction du chemin de fer Kirin-Tchang-choun.

III

Le Gouvernement japonais et le Gouvernement chinois, constatant que les financiers japonais et la Compagnie Hanyehping sont réunis par des liens étroits, et désirant faire progresser les intérêts communs des deux nations, se

mettent d'acccord sur les articles suivants :

ARTICLE PREMIER. — Les deux parties
contractantes sont d'accord pour que,
lorsqu'il sera opportun, la Compagnie
Hanyehping soit constituée en une affaire
commune aux deux nations ; elles sont
de plus d'accord pour que, sans le consentement préalable du Japon, la Chine
ne dispose d'elle-même des droits et propriétés de la Compagnie, ni ne fasse
disposer de ces droits par la Compagnie.

ART. 2. — Le Gouvernement chinois
consent à ce que dans le voisinage des
mines possédées par la Compagnie
Hanyehping aucune mine ne soit con-
cédée pour être exploitée par des personnes étrangères à ladite Compagnie
sans le consentement de cette Compagnie ; il accepte en outre, s'il devient
désirable d'entreprendre d'autres exploi-
tations qui pourraient affecter directement ou indirectement les intérêts de
ladite Société, que le consentement de
cette Société soit préalablement obtenu.

IV

Le Gouvernement japonais et le Gouvernement chinois, dans le dessein de sauvegarder effectivement l'intégrité territoriale de la Chine, sont d'accord sur l'article spécial suivant :

Le Gouvernement chinois s'engage à ne céder, ni louer à bail à aucune tierce puissance aucun port, baie ou île sur la côte de la Chine.

V

ARTICLE PREMIER. — Le Gouvernement central chinois devra employer des Japonais influents comme conseillers politiques, financiers et militaires.

ART. 2. — Les hôpitaux, églises, écoles japonais à l'intérieur de la Chine auront le droit d'être propriétaires fonciers.

ART. 3. — Attendu que le Gouvernement japonais et le Gouvernement chinois eurent de nombreux cas de désaccord au sujet des forces de police japonaise et chinoise, il est nécessaire que la police des centres importants (en Chine) soit conjointement administrée par des Japonais et des Chinois, et que les corps de police de ces centres comportent de nombreux Japonais afin qu'ils puissent contribuer au plan d'amélioration du service de police chinois.

Art. 4. — La Chine achètera au Japon une quantité déterminée de matériel de guerre (disons 50 % ou plus de ce que le Gouvernement chinois a besoin), ou il sera établi en Chine un arsenal conjointement exploité par les Chinois et Japonais. Des experts techniques japonais devront y être employés et le matériel acheté devra être japonais.

Art. 5. — La Chine consent à accorder au Japon le droit de construire un chemin de fer reliant Wouchang à Kiou-Kiang et Nantchang, une autre ligne entre Nantchang et Hangchéou et une autre entre Nantchang et Tchaochéou.

Art. 6. — Si la Chine a besoin de capitaux étrangers pour mettre en valeur des mines, construire des voies ferrées, exé-

cuter des travaux de ports, y compris
des cales de construction dans la province de Foukien, le Japon devra préalablement être consulté.

ART. 7. — La Chine reconnaît aux
sujets japonais le droit de se livrer à la
propagande religieuse en Chine.

Ces demandes détruisaient la souveraineté de la Chine ; le Japon, sachant que
les Puissances interviendraient, engagea
le Gouvernement de Pékin à garder le
secret. Pendant ce temps, l'Europe en
guerre ne pouvait s'occuper de l'Extrême-Orient. Le Japon en profita pour
renforcer ses garnisons du Chantoung
et de la Mandchourie. Le 7 mai, le
ministre du Japon à Pékin remit au
ministre chinois des Affaires Etrangères
un ultimatum exigeant une réponse satisfaisante avant six heures de l'après-midi
du 9 mai ; le 9, la Chine céda ; le 25, elle
signa avec l'envoyé japonais une série
de traités relatifs au Chantoung, à la
Mandchourie méridionale et à la Mon-

golie intérieure. Les conditions sont, sauf le 5ᵉ paragraphe, dans le genre de celles des vingt-et-une demandes. Depuis cette époque, le Japon continua son empiètement dans le Chantoung.

VII

LA QUESTION DU CHANTOUNG

A LA CONFÉRENCE DE LA PAIX DE 1919

Dès l'ouverture de la Conférence de la Paix du 18 janvier 1919, on espéra l'ouverture d'une ère nouvelle. Les Chinois, eux aussi, sans cesse menacés par le Japon, voulaient, appuyés par cette Conférence, reprendre Kiao-Tchéou à l'Allemagne faisant valoir son droit de la déclaration de la guerre à l'Allemagne. Le 28, à la séance, la question du Chantoung commença à être discutée. Les délégués chinois présentèrent leurs propositions :

1° Kiao-Tchéou sera remis à la Chine par l'Allemagne ;

2° L'occupation du Chantoung par le Japon n'étant que provisoire et résultant de la guerre, si le Japon continuait à occuper Kiao-Tchéou, ce serait contraire au droit souverain de la Chine qui est devenue une alliée depuis qu'elle a déclaré la guerre à l'Allemagne ;

3° La Chine a conclu le 25 mai 1915 des traités relatifs au Chantoung, à la Mandchourie méridionale et à la Mongolie intérieure, forcée par les vingt-et-une demandes ;

4° Dans la déclaration de la guerre à l'Allemagne par la Chine, le Gouvernement chinois stipula qu'après le conflit des deux pays, toutes conventions, traités, arrangements, protocoles, contrats devaient être annulés. Donc, la Chine reprenant son droit de bail, l'Allemagne ne pouvait le donner à aucune tierce partie.

Les délégués japonais ont résisté ; les délégués chinois ont cédé et accepté que Chantoung soit transféré par l'Allemagne aux cinq Puissances : Angleterre, Etats-

Unis, France, Italie et Japon qui le remettraient ensuite à la Chine. Le Japon ne l'a pas accepté ainsi et a menacé le président Wilson de quitter la Conférence comme l'Italie, afin de servir ses projets ambitieux. Le 30 avril, une réunion des trois puissances : Angleterre, Etats-Unis et France, a décidé de donner le Chantoung au Japon. Les délégués chinois ont désiré réserver les faits du Chantoung sur le traité, mais les Puissances n'acceptèrent pas. Le 28 juin, le jour de la signature de la paix, les délégués chinois, pour défendre les intérêts de leur pays, étaient absents et refusaient de signer le traité.

VIII

LA CHINE ET LE JAPON A LA CONFÉRENCE DE WASHINGTON

La Conférence de Washington a été ouverte le 12 novembre 1921. Elle avait pour but la discussion du désarmement naval, des problèmes du Pacifique et de l'Extrême-Orient. La Chine, profitant de l'occasion, a voulu exposer des propositions relatives à l'accord des Puissances entre elles. Le 16, les délégués chinois ont présenté les dix grands principes qui furent résumés par M. Root en quatre :

1° Respecter la souveraineté et l'indépendance ainsi que l'intégrité territoriale et administrative de la Chine.

2° Offrir à la Chine de la manière la plus complète et la plus libre d'entrave, la possibilité de s'assurer les avantages provenant d'un gouvernement stable et efficace.

3° User de leur influence en vue d'établir effectivement et de maintenir en application sur tout le territoire de la Chine le principe de la chance égale pour le commerce et l'industrie de toutes les nations.

4° S'abstenir de tirer avantage des circonstances, en Chine, pour rechercher des droits ou privilèges spéciaux susceptibles de porter atteinte aux droits des ressortissants des Etats amis. Elles s'abstiendront également de favoriser toute action constituant une menace pour la sécurité des dits Etats amis.

La Chine a voulu aussi résoudre la question du Chantoung, mais elle en a été empêchée par MM. Hughes et Balfour qui voulaient que la Chine et le Japon fissent la négociation directement et en dehors de la Conférence afin d'éviter les difficultés. La Chine se vit obligée de céder.

Le 1ᵉʳ décembre, les conversations sino-japonaises commencèrent. Après de longues discussions, les délégués chinois repoussèrent les instructions de leur Gouvernement. Le mécontentement chinois s'exprima publiquement et violemment : en Chine, par les journaux et les lettrés ; en Amérique, par les surveillants délégués et par les étudiants chinois. Certaines personnalités de la délégation chinoise démissionnèrent avec fracas. Le Japon qui avait adopté une attitude ferme, ne battait en retraite que pas à pas, se laissant arracher avec peine, concession par concession. Le 6 janvier

1922, les négociations étaient presque rompues. MM. Hughes et Balfour, voulant rendre de bons offices, forcèrent les délégués chinois à écouter les propositions de ces conditions qui ne pouvaient être acceptées par la Chine. Le 25, le président Harding lui-même dut intervenir. Le 26, l'accord fut conclu. Cet accord comprend vingt-huit articles qui concernent le bail, les immeubles, la douane, le chemin de fer, etc.

Au sujet des vingt-et-une demandes, le délégué chinois, Docteur Wang, a essayé, le 14 décembre 1921, à la Conférence, de les annuler. Le délégué japonais, baron Kijuro Shidehara a répondu que c'étaient des relations entre le Japon et la Chine, et qu'elles ne devaient pas être discutées à la Conférence de Washington. Le Docteur Wang dit que ce traité portait atteinte aux intérêts des autres pays, qu'il n'avait été signé que par la force, et que le Parlement chinois ne l'avait pas encore voté. Après de longues discussions, les délégués américains ont mani-

festé pour la modification de ce traite.
Le délégué japonais, opposé aux autres,
n'a accepté que l'annulation du cin-
quième groupe. Le Docteur Wang n'y a
pas consenti. Le 4 février, M. Hughes prononça la déclaration du baron Kijuro
Shidehara et la réponse du Docteur
Wang. Il prononça également un discours
exprimant l'attitude du Gouvernement
des Etats-Unis. Les vingt-et-une demandes furent suspendues.

IX

LA NOUVELLE POLITIQUE DU JAPON A L'ÉGARD DE LA CHINE

Depuis le mois d'avril 1924, le Parlement américain a voté contre l'amende-
ment sur l'immigration qui aurait per-
mis « l'accord du gentleman ». Les
Japonais étaient fort émus par les décisions du Congrès américain. Les journaux japonais, piqués au vif par les
propos tenus par certains américains à
l'égard des Japonais, faisaient appel au

public américain pour se rendre compte de la gravité de la situation créée par les restrictions imposées à l'immigration. De nombreux Japonais manifestèrent. Des unions se formèrent en divers endroits pour boycotter les marchandises américaines. Mais ceci ne donna aucun résultat. Les Japonais se retournèrent alors vers l'Asie et proposèrent l'Alliance des Jaunes. Les uns disaient que les Américains marchaient vers un but injuste pour pousser les Jaunes à se réunir et à s'allier. Les autres disaient que la nouvelle loi sur l'immigration visait non seulement les Japonais, mais aussi tous les Jaunes de l'Orient... Le Japon eût voulu sympathiser avec son voisin la Chine, car les relations économiques entre ces deux pays sont intimement liées, surtout depuis leur soumission à la nouvelle loi américaine. Mais les Chinois ne veulent participer à aucun groupe. Cette politique-là est sujette à trop de manifestations et peut ouvrir la porte à la guerre. Il est pour elle un chemin plus glorieux pour arriver à la civilisation, c'est la coopération intellectuelle. Notre civilisation, si elle n'est pas la plus avancée, n'en est pas moins la plus anciennement connue. Depuis quelques milliers d'années, notre philosophie, notre littérature et nos arts brillent dans le monde. Nous ferons tous nos efforts pour nous façonner au contact de l'Europe moderne, et ainsi parachever l'œuvre déjà commencée depuis si longtemps. Notre pays verra ainsi éclore une ère nouvelle pour son bonheur, sa prospérité, ainsi que pour le bien-être de l'univers. Car notre effort n'est point pour propager le pouvoir des Jaunes, ni pour abaisser les autres peuples, mais tout est fait pour le bonheur de l'humanité. Nos portes sont ouvertes à ceux qui veulent coopérer avec nous et ainsi prendre part à l'œuvre commune et au bien-être universel.

CONCLUSION

Nous autres, Chinois, nous voulons la paix : nous sommes pacifistes et ne haïssons personne, même nos ennemis. Nous espérons qu'un jour viendra où nous marcherons côte à côte avec le Japon. Car, la Chine et le Japon en Orient sont comme la France et l'Angleterre en Europe. Pour que l'Europe soit en paix, il faut que la France et l'Angleterre pactisent. Pour que l'Orient soit calme, il faut que la Chine et le Japon soient d'accord. Si nous réussissons, ce sera une ère de paix sous nos yeux, la paix universelle.

LIANG TSE-TSUEN.

Les luttes sanglantes génératrices du bonheur

L'histoire de la Chine est vieille de cinq mille ans, au cours desquels bien des changements dynastiques se sont produits. Chacun de ces changements a toujours été accompagné de révolutions plus ou moins sanglantes. Elles tenaient, pour ainsi dire, à l'ordre des choses. Après avoir étudié l'histoire des autres puissances, je peux conclure que tout pays, où a sévi la révolution, est passé par les mêmes épreuves. Les nations européennes nous en ont donné presque toutes l'exemple, l'Angleterre au dix-septième siècle, l'Espagne, le Portugal, à maintes reprises, la France au dix-huitième et au dix-neuvième siècle. Qu'on se rappelle seulement la série de révolutions qui l'ont bouleversée jusqu'à l'établissement de la troisième république ! Et de nos jours, la Russie n'a-t-elle pas eu à lutter plus encore que nous ? De même, hors de l'Europe, plus de dix Etats de l'Amérique du Sud et de l'Amérique centrale ont été bouleversés longtemps par les révolutionnaires qui, aujourd'hui encore, troublent quelques-uns de ces Etats. Depuis la constitution de la République chinoise en 1911, six grandes révolutions se sont produites en Chine. Celle de 1924 est sans précédent. Nos amis, qui ne nous connaissent pas à fond, se bornent à dire que le peuple chinois, malgré son ancienneté, est incapable de se gouverner lui-même. Sur ce point, je me permets d'exprimer mon opinion : La Chine a été, pendant cinquante siècles, sous le régime monarchique et autocratique, cette lourde tradition a besoin du secours des années pour se rajeunir et s'adapter aux méthodes républicaines. D'autre part, la civilisation chinoise se heurte à celle de l'Europe ; les idées modernes luttent, non sans peine, contre celles des anciens. Plus la pression est grande, plus la résistance augmente, ce

qui, fatalement, amène des luttes sanglantes. Mais tout cela prépare l'avenir
heureux de la nation. Lorsque toutes les
étapes auront été franchies, nous ver-
rons de nouveau l'unité de la Chine, car
un pays de race pure et de culture unique
ne peut pas être démembré. Malgré les
troubles, il faut ajouter que le commerce
et l'industrie en Chine continuent à se
développer. Le chiffre des exportations
et des importations, d'après la statistique
récente de la douane maritime, dépasse
de plusieurs millions, celui des années
précédentes. Pourquoi cela ? Parce que
la Chine est si vaste que le bouleversement de quelques territoires ne gêne pas
l'activité générale du peuple qui, en
outre, reste soumis aux traditions ances-
trales de travail et de moralité, en dépit
des événements extérieurs. Il faut aussi
remarquer que lorsqu'une guerre civile
éclate, les belligérants s'engagent formellement à protéger la vie et les biens des
ressortissants étrangers. Jamais ils n'ont
eu à souffrir d'aucun acte d'hostilité. Nos

luttes restent intérieures et n'intéressent que notre propre avenir. La Chine a besoin de l'outillage et des capitaux étrangers pour exploiter son riche sous-sol, développer son industrie, construire les chemins de fer. Elle désire toujours offrir un grand marché pacifique au monde entier. Aussi, cher compatriotes, supportons, avec courage, les adversités présentes, nos yeux fixés sur l'avenir verront se lever bientôt l'aube magnifique du bonheur fait de notre travail dans la paix, de l'union entre tous et de la prospérité de notre chère patrie.

TCHENG TCHOUONG KIUN.

La diplomatie chinoise de 1840 à 1900

Les deux forces qui ont poussé l'Europe vers l'Extrême-Orient sont, séparées ou confondues, la religion et le commerce. La Chine est demeurée pendant des siècles fermée aux étrangers. Dès le moyen âge, la richesse de l'Empire chinois fut connue des Européens surtout par les merveilleux récits de Marco-Polo. Les Portugais arrivèrent les premiers en Chine. Ils atteignirent Canton en 1517. Bien accueillis, ils ne tardèrent pas à exaspérer les Chinois par leur rapacité et leurs violences. Aussi la Chine qui paraissait prête à s'ouvrir, se ferma presque aux étrangers. Elle les parqua, en leur imposant un tribut annuel, au Sud de Canton, dans l'île de Macao. A Canton même, où elle leur interdit de résider, elle leur laissa seulement 300 mètres de magasins. Ce fut uniquement là, pendant près de trois siècles (1553-1842) qu'elle permit aux Européens de commercer. L'ouverture de la Chine, encore incomplète, n'a été obtenue qu'au prix de plusieurs guerres : guerre de l'opium (1840-1842) faite par l'Angleterre ; expédition de Chine (1857-1860) faite par la France et l'Angleterre ; guerre du Tonkin (1884-1885) faite par la France ; guerre de Corée (1894-1895) faite par le Japon. La Chine, toujours vaincue, résistait à l'influence européenne en s'obstinant dans son traditionnalisme oriental. C'est ainsi que se produisit un mouvement national de réaction contre les étrangers, connu sous le nom de guerre des Boxers, en 1900.

I

LA GUERRE DE L'OPIUM (1840-1842)

Puissances belligérantes :

L'Angleterre contre la Chine.

Causes lointaines :

En 1834, le monopole du commerce britannique avec la Chine, qui appartenait à la Compagnie des Indes, fut supprimé. Le Gouvernement chinois continuait à n'ouvrir qu'un seul port, Canton. A cette époque, Palmerston, étant au pouvoir, voulait développer le commerce britannique en Chine. Son principal article de vente était un produit de l'Inde, une drogue extraite du pavot, l'opium, qui empoisonne et qui tue plus vite que l'alcool. En 1839, le Gouvernement chinois interdit la vente de l'opium, se fit livrer un stock de 20.000 caisses déposées dans les magasins anglais et détruisit le tout. Les hommes politiques britanniques discutèrent avec véhémence sur cette question. Les uns prétendaient déclarer la guerre, les autres parlaient de faire la paix avec la Chine. C'était là un problème angoissant.

Causes immédiates :

Les difficultés du commerce anglais à Canton décidèrent l'Angleterre à envoyer une ambassade spéciale en Chine pour faciliter la solution des procès entre les fonctionnaires chinois et les commerçants anglais. Le Gouvernement britannique envoya alors l'ambassadeur Amberst en Chine. Mais le Gouvernement chinois ne le traita pas sur un pied d'égalité. Le marquis de Harsting, consul en Chine, envoya une dépêche annonçant tout ce qui s'était passé. Dès lors, le Gouvernement anglais décida, en 1840, de déclarer la guerre à la Chine.

La guerre avec la Chine :

Cette guerre dura un an (juillet 1840-août 1841). La flotte anglaise, avec quelques troupes de débarquement, prit Canton, Changhai, remonta jusqu'à Nankin, la principale ville de la Chine méridionale, jadis la capitale de l'Empire et les Anglais contraignirent ainsi les Chinois à faire la paix (29 août 1841).

10

Conséquences politiques :

Par le traité de Nankin (1842), la Chine céda en toute propriété à l'Angleterre l'île de Hong-Kong en face de Canton. Elle lui accordait une indemnité de vingt-et-un millions de dollars. Elle ouvrait en outre cinq ports : Canton, Amoy, Fou-Tchéou, Ning-Po et Changhaï au commerce britannique, avec le droit d'y établir des consuls. Les Etats-Unis et la France obtenaient peu après les mêmes concessions.

Le traité de Nankin eut deux conséquences. D'une part le commerce européen et américain en Chine et les missions catholiques prirent une nouvelle extension. En 1844, la France se fit donner le protectorat de toutes les missions catholiques. Déjà protectrice des missions catholiques en Proche-Orient, la France voulait s'assurer le même titre en Extrême-Orient. D'autre part, les Chinois, mécontents des concessions faites aux étrangers, s'insurgèrent dans le Sud contre la dynastie mandchoue : une dynastie Tai-ping s'établit à Nankin en 1853 ; toute la Chine du Sud fut en proie à l'anarchie et au brigandage.

Critique de cette guerre :

La guerre de l'opium est indigne de l'état de civilisation des Européens du milieu du XIXe siècle. Un prétexte était facile à trouver pour commencer les hostilités, mais il était inutile, à une nation chrétienne, de le chercher dans l'effort louable des Chinois pour arrêter un commerce profondément immoral. Au moment de la signature du traité, la question de l'opium fut passée sous silence. Mais cependant elle donna lieu à des discussions parfois violentes entre l'opinion chinoise et l'opinion anglaise. Ce ne fut qu'en 1913 que la question de l'opium fut résolue d'une façon plus ou moins satisfaisante.

II

L'EXPÉDITION DE CHINE (1857-1860)

Puissances belligérantes :

La France et l'Angleterre contre la Chine.

Causes lointaines :

En entretenant avec la Chine des relations commerciales, la Russie augmentait au fur et à mesure ses appétits. L'Angleterre et la France étaient jalouses de la situation qu'occupait la Russie. Dès lors elles se proposaient de renouveler les traités et d'élargir notamment les droits des Européens en Chine en se faisant accorder, en particulier, l'entrée dans un grand nombre des ports. La Chine était, de 1853 à 1860, en pleine révolte des Tai-ping.

Causes immédiates :

En 1856, à Canton, un bâtiment arborant le pavillon anglais, mais monté par des marins chinois, avait été saisi par les autorités chinoises. L'Angleterre s'en plaignit et exigea la mise en liberté immédiate. Les autorités chinoises répondirent par un refus. D'autre part. la France se plaignait que des missionnaires étaient molestés. Notamemnt, en 1856, dans la Chine méridionale, un missionnaire français, l'abbé Chapdelaine, fut mis à mort par les Chinois. Le Gouvernement français protestait alors vivement, et à Paris, on décida qu'il y avait lieu de s'associer à l'Angleterre et d'agir par la force pour faire respecter les droits français. En effet, dès la fin de 1856, la France et l'Angleterre se mettaient d'accord pour envoyer en Chine des agents diplomatiques, appuyés par les forces navales et devant imposer de nouveaux traités au Gouvernement de Pékin. Ces deux petits incidents allaient fournir à l'Angleterre et à la France l'occasion de précipiter les choses.

La guerre avec la Chine :

En 1857, les Alliés s'emparèrent de Canton, puis ils se rendirent à Ta-Kou. Ensuite ils s'emparèrent de Tientsin, situé à mi-chemin entre la mer et Pékin. Le Gouvernement chinois, pour sauver la capitale, signa le traité de Tientsin en 1858. En 1859, lorsque les plénipotentiaires se présentèrent pour ratifier les traités de Tientsin, les Chinois refusèrent. Alors les gouvernements de Paris et de Londres envoyèrent une escadre. Les troupes marchèrent sur Pékin et s'en emparèrent. Elles pillèrent le Palais d'Eté de l'Empereur, situé hors des murs, puis elles le firent incendier.

En 1860, la Cour de Pékin décida de signer la paix avec la France et l'Angleterre.

Conséquences politiques :

En 1860, les traités de Pékin furent signés. La Chine devait payer une indemnité de huit millions de taels pour frais de guerre. Elle admettait la liberté du culte, les étrangers pouvaient également avoir accès à l'intérieur du pays. Il y eut des extensions au point de vue des concessions commerciales. Les Chinois admettaient ce qu'ils avaient toujours refusé jusque-là, la présence de légations européennes dans leur Empire. D'autres clauses traitaient des droits de douane.

Chaque puissance voulut alors avoir son traité et s'inscrire pour une part de succession. La Russie d'abord : elle obtint les nouveaux traités d'Aigoum et de Pékin, favorables à ses empiètements. La Chine lui céda les territoires de l'Amour et de la Province Maritime jusqu'à la ville de Vladivostok (1858-1860). Les autres puissances, la Prusse, le Portugal, les Danois eux-mêmes, jusqu'aux Hollandais et aux Espagnols, tous réclamèrent des privilèges, et malgré la résistance chinoise, finirent par obtenir également leurs traités.

L'affaire de Chine paraissait donc à ce moment-là complètement réglée. Il ne restait plus à préparer que la pacification de la sanglante révolte des Tai-ping. Les étrangers, menacés dans leurs intérêts, dans la vallée du Kiang, ne pouvaient manquer d'intervenir. Gordon, l'amiral anglais, donna son appui aux troupes chinoises pour rétablir l'ordre dans les provinces. Cependant Gordon avait conduit les opérations militaires avec vigueur dans la vallée du Kiang. Les Tai-ping sont traqués de province en province, chassés de la vallée du Kiang. Ils se réfugient dans les montagnes ; beaucoup regagnent leur province d'origine ; d'autres franchissent la frontière du Tonkin où nous les retrouverons plus tard comme Pavillons jaunes ou Pavillons noirs.

Critique de cette guerre :

Cette guerre est un des grands tournants non seulement de l'histoire de la Chine, mais du monde. C'est à partir de ce moment que les ambitions des Puissances en Extrême-Orient se précisent et que le centre de leur politique se déplace.

III

LA GUERRE DU TONKIN (1884-1885)

Puissances belligérantes :

La France contre la Chine.

Causes lointaines :

Après la guerre de 1870, la France étendait son expansion coloniale en Asie et en Afrique. En Asie, elle a fait la conquête de l'Indo-Chine orientale et de l'empire d'Annam. Par le traité de Philastre de 1874, la France reconnaissait la souveraineté et l'indépendance de l'empire d'Annam, s'engageant à les protéger contre toute puissance étrangère. En échange, l'empereur Tu-Duc confirmait à la France la cession de la Cochinchine, et s'engageait à conformer sa politique extérieure à la sienne. Le Fleuve Rouge était ouvert au trafic. Des consuls français devaient être installés dans les ports de l'empire. En apparence, la France reconnaissait l'Annam comme un Etat indépendant, mais en réalité, c'était là un traité de protectorat sur l'empire d'Annam.

Causes immédiates :

L'exécution de ce traité de protectorat se trouva d'abord confiée à M. Le Myres de Vilers, gouverneur de la Cochinchine. La cour de Hué se rapprocha de la Chine qui, de temps immémorial, prétendait à un droit de suzeraineté sur l'Annam ; elle autorisa l'ambassadeur de Chine à Paris, le marquis de Tseng, à protester contre l'ingérence française dans un pays vassal. A cette époque les Pavillons Noirs attaquaient au Tonkin les nationaux français. Le Myres de Vilers chargea le commandant Rivière de rétablir l'ordre. A Paris, le marquis de Tseng intervint de nouveau au nom de l'empire suzerain. Le Gouvernement français lui fit répondre qu'on n'avait aucune explication à fournir au Gouvernement chinois.

La guerre avec la Chine :

D'une part, sur mer, l'amiral Courbet bombardait Fou-Tchéou, détruisant de fond en comble le célèbre arsenal et tous les forts qui le défendaient. Puis dans la grande île de Formose, il canonna et occupa Kélung, assiégea Tamsui. Enfin il obtenait de Paris l'autorisation d'occuper les îles Pescadores et d'établir le blocus du riz. D'autre part, sur terre, le général Négrier était attaqué près du Tonkin, en face de Lang-Son, par les Chinois. Cette déroute de Lang-Son qui, à Paris, amena le renversement du ministère Jules Ferry, *n'empêcha pas la Chine* de poursuivre les négociations de paix engagées auparavant.

Conséquences politiques :

Le 9 juin 1885, le traité de Tientsin fut conclu. Par ce traité, la Chine abandonnait ses prétentions à la suzeraineté sur le Tonkin et l'Annam, promettait à la France un traité de commerce, assurait aux ingénieurs français la préférence pour les travaux publics à exécuter sur son territoire. Au surplus, le traité du Siam de 1893 et le traité anglo-français de 1896, confirmaient à la France l'exercice des droits de protectorat sur le Cambodge. Dès lors, l'impérialisme français s'évanouit en Indo-Chine ; la France ayant atteint d'ores et déjà le but, qui était la possession d'une station navale pour ses escadres et une voie d'accès vers la Chine pour son commerce.

Quand la France devint une grande puissance indo-chinoise, les Anglais se hâtèrent de prendre la Birmanie tout entière et portèrent ainsi les limites de leurs possessions jusqu'au Mékong. Le royaume du Siam, resté seul indépendant au centre de la péninsule indo-chinoise, sert de tampon entre les possessions anglaises et françaises. Cette situation constitue une sorte de principe d'équilibre en Indo-Chine. La Chine perdait d'ores et déjà ses droits de suzeraineté sur l'empire d'Annam et le royaume Birman.

Critique de cette guerre :

L'expansion coloniale française a été provoquée surtout par des raisons économiques, par les besoins de s'assurer soit des débouchés pour l'industrie, soit des centres de production de matières premières. Après la prise de l'Indo-Chine, l'influence de la France en Extrême-Orient allait devenir de jour en jour prépondérante.

IV

LA GUERRE SINO-JAPONAISE (1894-1895)

Puissances belligérantes :

Le Japon contre la Chine.

Causes lointaines :

Depuis longtemps déjà, le Japon cherchait des terres où déverser le trop-plein d'une population qui s'accroissait avec une extraordinaire et dangereuse rapidité. Depuis longtemps il convoitait la Corée. La première manifestation de sa politique fut la reconnaissance, en 1876, de l'indépendance de la Corée. Le Japon niait ainsi la suzeraineté immémoriale de la Chine sur ce pays ; Chinois et Japonais se disputaient en effet depuis des siècles la suzeraineté sur le royaume de Corée. Ils avaient fini par exercer cette suzeraineté côte à côte, en mettant chacun une garnison dans Séoul, la capitale.

Causes immédiates :

En 1894, la Corée, pour réprimer une révolte intérieure, demanda aide à la fois à la Chine et au Japon. Le Japon était prêt à intervenir : il arriva le premier, et bien que la révolte fût terminée, il installe ses troupes à Séoul, exige du roi une déclaration d'indépendance vis-à-vis de la Chine, et comme celui-ci hésite, le dépose, le remplace par un régent qu'il oblige à déclarer la guerre à son suzerain. Il se charge de la faire à sa place, et pousse à cette guerre avec une rapidité foudroyante..

La guerre avec la Chine :

En septembre 1894, la flotte japonaise attaqua l'escadre chinoise à l'embouchure du Yalou et bloqua Port-Arthur en novembre. L'escadre japonaise pénétra dans le port de Wei-Hai-Wai, elle prit et coula les bateaux chinois. Après la destruction de la flotte chinoise, un corps japonais débarqua dans l'île de Formose. La grande armée japonaise de Mandchourie allait se porter sur Pékin, quand la Chine se décida à conclure la paix en avril 1895.

Conséquences politiques :

Le traité de Simonosaki fut signé le 17 avril et accordait au Japon tout ce qu'il demandait : l'indépendance de la Corée (annexion en 1910), la presqu'île de Liao-Toung, Formose, les Pescadores, une indemnité de deux cents millions de taels, l'ouverture à son commerce de nombreux ports, la liberté de navigation sur le Yang-Tsé et autres fleuves.

La Russie se voyait fermer l'accès de la mer du Sud et la route de Pékin, mais elle ne voulait pas laisser Port-Arthur aux Japonais. Pour cela il lui fallait des alliés. Elle sut entraîner l'Allemagne et la France. Mais, pour le Gouvernement français, le désir de l'alliance russe fut plus fort que le souci de conserver l'amitié japonaise. L'Allemagne, qui depuis longtemps guettait l'occasion de s'installer en Chine, profita du massacre de quelques missionnaires, et fit occuper Kiao-Tchéou par ses troupes. Il lui fut cédé à bail en janvier 1898. La Russie d'ailleurs avait déjà, en décembre 1897, obtenu un port plus avantageux pour elle, celui de Port-Arthur. L'Angleterre obtint le port de Wei-Haï-Wai. La France se fit reconnaître des droits dans le Yunnan, accorder la concession d'une ligne de chemins de fer du Tonkin à Yunnan-Fou, et la cession à bail de la baie de Kouang Tchéou-Wan.

L'action combinée par la Russie imposa au Japon l'évacuation de la presqu'île de Liao-Tong en échange d'une indemnité de trente millions de taels, aussitôt versée par la Chine, grâce à l'aide financière russe.

Critique de cette guerre :

L'intervention de la Russie dans le Liao-Tong fut alors pour le Japon l'occasion de se venger au jour venu. La guerre russo-japonaise en est la preuve. La signature de l'alliance anglo-japonaise du 30 janvier 1902 a eu pour but de contrecarrer les ambitions russes. Cette entente avec l'Angleterre eut pour résultat la proclamation d'une déclaration franco-russe. On voit quelle action la Chine exerçait indirectement sur l'Europe. Depuis cette guerre, la lutte des influences japonaise et européenne, provoquait la haine des Chinois et on remarquait l'ambition des Puissances, dans le champ de l'Extrême-Orient.

V

LA GUERRE DES BOXERS (1899-1900)

Puissances belligérantes :

L'Allemagne, le Japon, l'Italie, l'Autriche, la Russie, la France, l'Angleterre et les Etats-Unis contre la Chine *toute seule.*

Causes lointaines :

Les Chinois avaient été profondément irrités par l'annexion de Kiao-Tchéou, par l'expulsion des Chinois de Tsing-Tao. et par les annexions qui avaient suivi celle des Allemands. Des sociétés secrètes nationalistes chinoises se formèrent dans le Chan-Tong et soulevèrent toute la région Nord jusqu'à Pékin. Ce mouvement redoutable de réaction contre les étrangers était dirigé par l'impératrice Tseu-Hi et le prince Tuan.

Causes immédiates :

A l'arrivée des Boxers, la capitale se souleva contre les étrangers : le chancelier de la légation du Japon fut assassiné ; le ministre d'Allemagne sortit pour faire des protestations aux autorités chinoises ; il fut tué par des Boxers. A la première nouvelle du soulèvement, une colonne de matelots de toutes nations, commandée par un amiral anglais, fut envoyée de Takou à Pékin. La Chine considérait alors cette expédition comme une déclaration de guerre.

La guerre avec la Chine :

En 1900, les troupes internationales sommèrent les soldats réguliers chinois de leur livrer les forts de Takou. Ils les prirent d'assaut. Ces troupes marchèrent alors sur Pékin et entrèrent sans difficultés dans la ville. La cour l'avait quittée, suivie par les troupes régulières. Les troupes internationales pillèrent la ville pendant plusieurs jours. Elles ne trouvèrent plus de résistance sérieuse. Les Boxers s'étaient dispersés et les troupes régulières chinoises affectaient d'aider les étrangers.

Conséquences politiques :

Le protocole final fut signé le 7 septembre 1901. Par ce protocole, la Chine s'engagea à payer aux diverses puissances intéressées, dans un délai de 39 ans, une indemnité de 450 millions de taels. Désormais les gouvernements européens eurent le droit de faire garder le quartier des Légations selon leurs propres moyens. La Chine promit de punir les auteurs du soulèvement. Les principaux points stratégiques des embouchures du Pei-Ho, Tientsin, et Chanhaikouan notamment, furent occupés militairement par des corps européens, japonais ou américains pour assurer toutes les communications avec Pékin.

Critique de cette guerre :

Après cette guerre, les relations entre la Chine et les Puissances allaient s'améliorer. Mais une question primordiale se posait la Chine resterait-elle de civilisation *antique* ou adopterait-elle la civilisation *moderne ?*

CONCLUSION

Toutes ces guerres ne sont qu'une longue, une douloureuse histoire qui ne fait pas toujours honneur à l'Europe. Autrement dit, c'est le morne récit presque ininterrompu d'agressions de la part des Grandes Puissances et la preuve d'une complète inintelligence mutuelle. entre les deux civilisations. La Chine vécut ainsi des événements douloureux. Elle n'avait ni diplomatie, ni armée, elle ne savait que faire tout simplement des concessions en face de la menace des conflits. Ses défaites, ses frontières menacées, l'occupation des Etats tributaires par les Puissances, tout cela lui faisait comprendre qu'on voulait lui imposer la civilisation mécanique. La Chine était forcée de se transformer comme le Japon, sous peine de voir les Puissances administrer elles-mêmes son empire tombé dans l'anarchie. L'avenir de la Chine devait donc être totalement différent de celui que jusqu'alors on lui avait prédit : Au lieu d'être soumise à l'Europe, elle fera en sorte de pouvoir traiter avec elle, d'égal à égal ; et sa civilisation dans l'avenir ne renfermera pas que des éléments européens ou américains, mais aussi des *éléments asiatiques authentiques*.

Té-Tchen LIAO.

Evolution sociale de la Chine. — Son influence sur la Politique.

Une société énorme tant au point de vue du nombre de ses hommes qu'au point de vue de l'étendue de son territoire et dont la physionomie est si singulière que les sociologues ont peine à s'y familiariser. Autrefois on n'y connaissait ni religieux, ni privilégiés. Seul existait un élément, le peuple, composé d'agriculteurs, que les princes gouvernaient avec un système patriarcal et d'après les conseils des sages philosophes. Voilà en raccourci la Chine sociale d'autrefois.

Si la Chine sociale d'autrefois était immobile et simple, la Chine sociale d'aujourd'hui évolue et devient plus complexe. Sans doute, les religieux et les privilégiés y sont toujours inexistants et tout y est égal devant les lois. Néanmoins, à côté des agriculteurs, les seuls producteurs aux yeux des physiocrates chinois qui en font dépendre la prospérité de la destinée de « l'Empire des fleurs », sous l'influence de la civilisation occidentale, et par suite de l'essor industriel moderne, les vieux intellectuels chinois changent de physionomie, et les industriels, les commerçants et les salariés deviennent de plus en plus importants dans l'organisation sociale actuelle de notre pays. D'autre part, les idées des publicistes individualistes européens ébranlent son régime familial et les doctrines de ses philosophes les plus notables.

La Chine sociale évolue et change donc. Avant de chercher les conséquences de cette évolution sur sa politique, ne convient-il pas de préciser davantage et d'esquisser, à larges traits, son organisation actuelle ?

Il y a quatre éléments qui composent la société chinoise actuelle. Le premier élément constitutif, le plus important, est le nombre des agriculteurs. Ceux-ci ont toujours occupé une place prépondérante dans notre histoire sociale. Bien qu'un chiffre précis de statistique nous fasse défaut, nous osons affirmer qu'ils comprennent au moins la moité de la population de Chine. Ils se répartissent selon la même proportion dans le Nord comme dans le Sud. Les paysans du Sud travaillent dans l'eau pour la culture du riz. Ceux du Nord plantent leur blé sur leurs fertiles terres de Lœs. Néanmoins, si leurs conditions de travail ne se ressemblent pas partout, leur amour, leur ardeur pour le travail sont les mêmes. Tous, ils aiment leurs champs. De génération en génération, leur famille s'est toujours consacrée à l'agriculture avec un esprit conservateur, menant une vie modeste, possédant ses propres terres ; tel est, en quelques mots, le portrait des agriculteurs chinois.

Le second élément constitutif de la société chinoise est la classe intellectuelle y compris les professionnels libéraux. Mais les intellectuels chinois d'aujourd'hui diffèrent profondément de ceux d'autrefois. Autrefois ils se livraient uniquement à la littérature et étaient plutôt artistes qu'hommes de science. Maintenant, sous l'influence des idées occidentales qui développent de plus en plus leur curiosité, ils ne négligent même plus, comme leurs prédécesseurs, le métier de guerre : « Le bon fer ne sert pas à fabriquer les clous ; l'honnête homme ne devient pas soldat. » Voilà, en effet, l'adage des anciens lettrés chinois. Leur intelligence n'était donc pas inférieure à celle des blancs, et ceci est admis par tous les esprits impartiaux. Nous osons attendre de nos intellectuels d'aujourd'hui les inventions bienfaisantes pour l'humanité. Ils ne feront ainsi que marcher dans la voie tracée par leurs ancêtres.

Le troisième élément constitutif de la société chinoise est la classe industrielle et commerciale. Industriels et commerçants sont toujours doués spécialement pour leur profession, ce qui fait dire par certains savants européens : « Les Chinois sont les premiers commerçants du monde. » Mais les commerçants et industriels chinois modernes évoluent également comme les intellectuels. Bons et honnêtes fabriquants et négociants, ils ne connaissaient pas les grandes entreprises modernes. Mais ils s'y adaptent vite. L'essor industriel et commercial ne fait que commencer en Chine. Mais déjà nos entrepreneurs s'installent non seulement chez nous, mais encore dans le Pacifique.

Enfin, il y a un élément social tout nouveau en Chine : ce sont les salariés. Indubitablement, nos anciens connaissaient les artisans, mais ceux-ci étaient plus collaborateurs qu'employés des patrons. D'ailleurs, leur nombre était infime. Le machinisme s'introduisant en Orient, un groupement social nouveau ne pouvait pas ne pas se créer chez nous. Ce sont les salariés au sens technique du mot. Les salariés dont la majorité sont d'anciens agriculteurs, conservent leurs qualités de travail. Ils vivent modestement. Ils se contentent de peu. Ils aiment la paix sociale. Ils ne connaissent pas encore la lutte des classes.

Voilà que nous avons esquissé, à larges traits, l'organisation sociale actuelle de notre pays, déduisons-en les conséquences qu'elle a dans la politique.

La politique intérieure de la Chine devrait rester conservatrice et immobile comme elle le fut toujours dans son histoire, si l'on ne considérait que les agriculteurs qui constituent encore la grande masse du peuple chinois. En effet, ceux-ci ont chacun leurs propres champs à cultiver. Ils sont contents de leur vie simple et respectueux des traditions de travail que leur avaient laissées leurs ancêtres. Ils n'ont donc aucune réforme à demander et ils trouvent même toute innovation dans la politique intérieure de leur pays comme inopportune et inutile.

Mais il n'en sera pas toujours ainsi, parce qu'il ne faut pas faire abstraction des autres éléments de la société chinoise qui y prennent une place de plus en plus importante.

D'abord, les intellectuels, dirigeants de la politique de notre pays comme d'ailleurs dans tous les autres Etats, sont convaincus de la nécessité de l'évolution chinoise. Au lieu de ne faire qu'admirer les institutions antiques comme le faisaient leurs prédécesseurs, ils ne dédaignent plus les réformes actives. Ils prennent conscience de la notion moderne d'Etat et ils entreprennent d'organiser les services publics selon la méthode occidentale de la division du travail et des compétences. Ils comprennent que la Chine, au xxᵉ siècle, ne peut progresser et prospérer qu'avec des innovations, et que, bien que démocrate d'après la conception de ses anciens publicistes, elle a besoin de s'adapter au régime politique occidental dont l'idée à la base est celle de la solidarité nationale.

Si nos intellectuels aspirent à des innovations politiques, nos industriels et nos commerçants désirent les innovations économiques. Ils jouaient jadis seulement un rôle secondaire. Mais, grâce à leur sens inné d'entreprise et aux immenses ressources économiques de l' « Empire des fleurs », ils organisent leurs travaux à la moderne. La politique intérieure chinoise consacrera donc au moins une partie de ses efforts aux développements des richesses naturelles et à son organisation industrielle.

Notre prévision sur l'orientation de la politique intérieure de la Chine serait incomplète si l'on oubliait nos salariés. Devenus très nombreux, capables de rivaliser avec nos agriculteurs, ils restent néanmoins un élément paisible. Cependant, il n'y a point lieu de nous étonner de voir naître leurs aspirations à certaines réformes sur les conditions du travail. Les législateurs chinois auront donc à tenir compte de leurs aspirations légitimes, et un code complet du travail, fait d'après le modèle de ceux des Etats européens et américains, paraîtra certes bientôt chez nous.

Le parallélisme est absolu entre les mouvements de la politique intérieure et ceux de la politique extérieure de notre pays. En effet, de même que la politique intérieure, la politique étrangère de la Chine devrait rester immobile et être hostile, ou tout au moins indifférente à toute relation avec les autres Etats si l'on ne songeait qu'à son immense élément social : les agriculteurs. Capable de nourrir sa population et ayant assez de bras, elle n'a nullement besoin de la méthode de grande culture et par suite, du machinisme. Notre pays désirerait volontiers garder ses vieilles règles, s'il ne subissait une évolution dans ses autres milieux sociaux.

Cette évolution, comme nous l'avons vu, se produit d'abord dans le milieu des intellectuels. Ceux-ci reconnaissent, et non à contre-cœur, contrairement à leurs ancêtres, la supériorité et l'opportunité de la civilisation des blancs, du moins sous certains de ses aspects et spécialement sous son aspect matériel. Ils étudient avec zèle et avec confiance les sciences occidentales. Voilà pourquoi, même si l'on ne réclamait pas par la violence l'ouverture de la Chine, comme on a déjà fait, ils soutiendraient eux-mêmes la thèse de l'accès de notre pays aux étrangers.

Si les intellectuels chinois accueillent avec empressement les idées occidentales, les industriels et les commerçants chinois désirent volontiers modeler leurs entreprises sur celles des pays étrangers. Cela est une autre forme de l'orientation de la politique extérieure de notre patrie. Mais cette politique ne songe pas seulement à développer les relations économiques entre la Chine et les autres Etats sans ne jamais revendiquer les justes mesures protectrices pour son industrie et son commerce. Elle consent aux échanges internationaux, mais elle les réclame avec le principe de l'égalité. Les entrepreneurs chinois comprennent bien que la loi de la concurrence entre les nations est toute naturelle et que les moins intelligentes et les moins laborieuses doivent s'incliner devant les plus habiles et les plus industrieuses. Pour rendre la concurrence égale pour eux, ils demandent un traitement meilleur, et ils s'efforcent d'obtenir un juste régime douanier. Ils revendiquent un sort équitable pour leurs compatriotes du Pacifique.

La politique étrangère de la Chine, sous l'aspect de la liberté du commerce international avec le principe de l'égalité de traitement au point de vue de l'émigration, ira se modifiant au fur et à mesure que la Chine se relèvera. Il importe de ne pas oublier que notre pays évolue vers l'industrialisme et que nos salariés deviennent de plus en plus nombreux. Si l'immigration doit être libre, l'émigration le doit être également. Néanmoins, il ne s'agit là que d'un problème du droit des gens que les juristes ont à résoudre en toute impartialité. La Chine est pacifique et même pacifiste. Le péril jaune, sous forme de violence, n'existera jamais !

Telles sont les conséquences que nous traçons à grandes lignes, de l'organisation sociale actuelle de notre pays et de sa politique, tant au point de vue intérieur qu'au point de vue extérieur. L'essence de nos déductions peut se résumer en deux mots : la Chine actuelle est en pleine période d'évolution transitoire. Les tendances de sa politique, au dedans comme au dehors sont doubles et contradictoires : les unes, conservatrices et immobiles qui représentent la classe agricole ; les autres, celles des intellectuels, commerçants et industriels, novatrices et réformistes. Mais il n'y a point de péril de lutte à craindre entre ces deux tendances contradictoires et inévitables dans l'évolution d'un vieux pays comme notre Chine, isolé des autres nations depuis des siècles. Néanmoins, la plus grande prudence doit être gardée par nos dirigeants politiques qui ont la lourde tâche de bien conduire cette évolution jusqu'à son achèvement.

En effet, s'ils mènent une politique convenable, la Chine se transformera vite en une grande et solide puissance s'adaptant

facilement aux règles d'étatisme du
xxᵉ siècle. Nous en avons un exemple
excellent dans notre voisin de même race,
le Japon. Bien mieux, l'évolution chinoise
possède de grands avantages que n'a pas
eu l'évolution japonaise. D'une part, nous
produisons suffisamment de denrées pour
nourrir notre immense population et
nous ne traversons point de crise sociale
comme celle dont eut à souffrir l'Empire
nippon. D'autre part, après la crise morale internationale, la justice lança ses
lumières sur le monde. La Conférence
de Washington quoique imparfaite, nous
a donné cependant des possibilités avan-
tageuses d'évolution.

Néanmoins, il ne faudrait point exa-
gérer. Si nous avons des avantages, nous
avons aussi des difficultés. Tout d'abord,
nous subissons des difficultés intérieures.
Notre population est beaucoup plus considérable que celle du Japon. Nous avons
également des difficultés d'ordre étranger. Si le niveau de la morale internationale ne se relève pas, la crise sociale

s'accentuera plus que jamais. Malgré la masse de nos agriculteurs conservateurs, nos salariés deviennent de plus en plus nombreux, et quelles fâcheuses conséquences ne peut-on pas imaginer, si les idées sociales dangereuses envahissent notre pays ?

Nous, jeunes intellectuels chinois, qui devons le dévouement et le sacrifice à *notre pays, nous avons donc un rôle très* délicat à jouer, rôle dont dépendent la destinée et l'avenir *de notre pays.* Un pas habile peut élever la Chine au niveau le plus haut dans la société internationale ; un mauvais pas peut lui causer des catastrophes effroyables. Nous ne pouvons l'oublier, nos deux trésors nationaux qui ont protégé la Chine à travers son histoire et qui ont rendu la société chinoise très stable : la sagesse de nos philosophes et l'institution familiale, ces deux éléments moraux constituent la véritable supériorité de la civilisation chinoise. Ils ne sont point incompatibles avec les idées contemporaines. Loin de là, ils sont

souples et peuvent s'adapter à tout régime. Nous concluons donc, « faire évo-
luer notre Chine, mais garder ses trésors
d'ordre moral. »

CHEN KIA I.

II

LES CONFÉRENCES

L'Industrie du Coton en Chine

MESSIEURS,

J'ai l'honneur de vous parler aujour-d'hui au sujet de l'industrie du coton en Chine.

Dans notre pays, cette industrie n'est pas très florissante. Elle y est même en retard vis-à-vis des concurrents étrangers, c'est-à-dire des Etats-Unis et de l'Inde. Pourtant c'est une grande erreur de dire que la Chine n'a pas d'industrie de coton.

Comme cette question est très importante au point de vue économique et industriel, nous autres, Chinois, nous devons nous efforcer de la développer et de rechercher les moyens de la perfectionner.

Parlons d'abord des pays producteurs du coton en Chine : Nous savons tous, je l'espère, que la culture du coton exige des conditions particulières se rencontrant assez rarement, car cette culture demande un sol fertile, des irrigations et un climat spécial. La plupart des provinces chinoises sont propres à la culture du coton.

Par exemple, le Kiang-Sou, qui est le principal pays cotonnier, produit, en général, une riche récolte de qualité supérieure. Quant à Chéou-Hing, Ning-Po, Kia-Hing qui sont les principales villes du Tché-Kiang, ce sont aussi des centres cotonniers. Ensuite, les champs d'une cinquantaine de sous-préfectures sur les soixante-huit du Hou-Pé et une vingtaine du Hou-Nan sont aussi couverts de cotonniers. On sait d'ailleurs cela en Asie, et même en Europe, c'est pourquoi on ne demandait autrefois que les produits de ces quatre provinces pour l'exportation du coton.

Mais, il y a une dizaine d'années, les

provinces du Tché-Li, Chan-Tong, Chan-Si, Ho-Nan, etc., essayaient aussi de développer la culture du coton. La récolte de chaque année fut ainsi assez remarquable.

A cause de la qualité du sol, du climat et du travail agricole, les récoltes de coton dans chaque pays ont plus ou moins varié suivant le temps et les endroits. En général elles rapportent environ cinquante livres chinoises par an pour chaque arpent chinois. Dans les années d'abondance, on peut en récolter à peu près soixante ou soixante-dix livres. Mais les graines de coton en augmentent le poids inutilement. Et si l'on soumet le coton à certaines opérations, pour le débarrasser des graines, on peut obtenir trente-deux livres de coton pur par arpent.

Parmi les récoltes cotonnières de tous les pays du monde, venant après celles de l'Amérique du Nord et de l'Inde, celle de la Chine est assez remarquable. Elle est de beaucoup meilleure que celle du

Mexique, du Brésil, de l'Asie Mineure, etc.
C'est pourquoi la Chine peut compter
comme un des quatre grands pays producteurs de coton. (Les trois autres sont :
l'Amérique du Nord, l'Inde et l'Egypte).
Mais l'industrie cotonnière des autres
pays a progressé de jour en jour, tandis
que celle de la Chine est restée en arrière
et presque stationnaire. Soit à cause du
manque d'organisation agricole, soit à
cause de la guerre civile, on peut dire
que les progrès de l'industrie cotonnière
dans notre pays ont complètement cessé
pendant ces dernières années.

Pourtant le coton chinois est, en général, meilleur marché que celui des autres
pays ; c'est pourquoi les Japonais et les
Européens aiment à nous en acheter.

On peut diviser le coton chinois en
trois groupes, suivant les noms des ports
d'exportation :

1°) Coton de Tien-Tsin ;

2°) Coton de Han-Kéou ;

3°) Coton de Shang-haï.

Il faut remarquer que le coton de ces trois groupes n'indique pas seulement les produits de ces trois pays proprement dits, mais que les noms de ces groupes sont ceux des ports par où l'on exporte le coton de la Chine.

Parmi ces trois espèces de coton, celui de Tien-Tsin est le moins bon de tous : il est trop sec et trop jaune ; ses fibres sont trop courtes et trop dures ; son défaut le plus grave est son manque d'élasticité. Pour le rendre utilisable au filage, on est obligé de le mélanger avec une quantité de coton de qualité supérieure. En Chine, on s'en sert seulement pour faire les habits d'hiver. Le meilleur de ce groupe est celui de Chang-Si, puis celui de l'Est de Tien-Tsin.

Les principales cotonneries du groupe de Han-Kéou sont celles des provinces de Hou-Pé et du Hou-Nan ; puis celles d'une grande partie de la province de Ho-Nan et une petite partie du Chang-Si et du Cheng-Si. Parmi toutes ces cotonneries les plus connues sont celles de Ou-Tchang,

Han-Yang, Ching-Tchéou, Houang-Tchéou, Houang-Pao, Yun-Man, Hiao-Kan, Mien-Yang, Liou-Ngan, Kiang-Hia, Hin-Kouo, Tchang-Té, Yo-Kéou, Sa-Ché, etc., etc.

Comme les cotonneries sont de diverses sortes et que le climat est variable avec les régions, les qualités des produits sont nécessairement différentes. Celles du Chang-Si et du Cheng-Si sont les meilleures, mais malheureusement la quantité en est très limitée. En général, le coton de Yun-Man, Hiao-Kan, Tcheng-Té, Houang-Pao est de premier choix ; celui des rives du Fleuve Bleu (Yang-Tse-Kiang) est de deuxième qualité ; celui des rives du Haut Han-Choei est de troisième qualité. Celui de Yang-Man est excellent : sa qualité est équivalente à celle du Tong-Tchéou dont nous parlerons tout à l'heure ; ses fibres sont très longues, sa couleur est très blanche et c'est précisément ce qu'il faut pour la filature fine. Le coton de Ly-Ho est très bon marché, mais un peu jaune ; ses fibres sont courtes et dures et il manque de brillant.

Le coton de Han-Kéou a un grand défaut, celui d'être trop humide (un maximum de 12 % et un minimum de 2 à 3 % d'humidité). C'est ce qui explique son bon marché. C'est pourquoi aussi on l'appelle « coton mélangé », parce que l'on croit qu'il contient en mélange des qualités inférieures ou des choses étrangères.

Le coton de Shang-haï, à l'exception des produits d'une partie du Sud, vient presque tout de Han-Kéou. Les cotons de Shang-haï les plus connus sont ceux de, Shang-haï proprement dit, Tong-Tchéou, Ning-Po, Taï-Tsang, Chéou-Hing et quelques autres du pays du Sud.

Le coton de Tong-Tchéou est le meilleur de tous. Il mérite le surnom qu'on lui donne : « Le roi des cotons de Chine ». Ses fibres sont très longues et très fines. Il est aussi blanc que la neige, aussi brillant que le diamant. Il en existe cependant de mauvaise qualité, mais heureusement en petite quantité.

Ensuite, viennent les cotons de Taï-Tsang et de Shang-haï proprement dit, dont la qualité est assez bonne, mais dont les fibres sont un peu courtes et dures.

On peut juger d'après ces quelques exposés des différentes qualités du coton chinois.

A présent, il nous faut exposer les défauts de l'industrie du coton en Chine. Cette question est intéressante et délicate.

En général, la semence du coton chinois n'est pas très bonne, et c'est un grand inconvénient pour le progrès de la culture. Il est entendu que les cultivateurs chinois sont très travailleurs, mais ils ont l'erreur de croire que l'abondance de troncs donne davantage de produits et alors ils sèment trop dense. Ils ignorent que si chaque tronc ne reçoit pas suffisamment de soleil et d'eau, la production sera toujours faible et pauvre. Ils ne savent pas non plus économiser leur sol et étudier les engrais et les fumures que la nature du sol et le climat exigent. Tout cela constitue un manque de connaissance de la culture et il est indispensable d'y remédier.

Le Japon, pour nous, est un grand consommateur de coton. On sait que le Japon consomme chaque année plus de 300 millions de livres de coton de l'Inde, et seulement 30 millions de livres de celui de la Chine. C'est-à-dire qu'il consomme dix fois plus de coton de l'Inde que de coton chinois. Cependant, au point de vue de la qualité, le coton chinois n'est pas moins bon que celui de l'Inde. Au point de vue du transport, la Chine est plus près que l'Inde. Pourquoi y a-t-il alors une si grande différence ? Parce qu'une partie du coton chinois contient trop d'humidité, comme nous l'avons déjà expliqué. Après l'emballage, il devient un corps solide. On est quelquefois obligé de le déballer avec la hache et alors il est perdu. Quelquefois aussi, mais par hasard, on trouve de la poudre de gypse dans le coton chinois, surtout dans celui de Han-Kéou.

Cela est vraiment dommage. En effet tout le monde sait que les commerçants chinois sont très honnêtes. Je suis certain que ce n'est pas volontairement que ,ce fait se produit, mais cela est nuisible et peut compromettre le commerce.

Le commerce du coton a aussi quelques défauts qui l'empêchent de se développer.

a) A cause de l'ignorance du marché étranger, nous n'exportons pas autant que nous le pourrions faire :

Avant la guerre, notre industrie de coton était assez florissante

Pendant la guerre, il est naturel que les industries se soient un peu ralenties, non seulement en Chine, mais dans tous les pays du monde.

A présent il nous paraît très étrange que l'importation du coton en Chine ait dépassé l'exportation. Au fond, ce n'est pas aussi extraordinaire que cela et en voici la raison : A cause des mauvaises années successives, les paysans chinois ont augmenté leurs prix pour rattraper leurs pertes. Ils ne savaient pas que le coton étranger restait encore à l'ancien prix et qu'il deviendrait encore beaucoup moins cher. Alors, les usines chinoises mêmes, préférèrent acheter le coton étranger. Leurs achats atteignirent une valeur de 2 à 3 millions de dollars par an. Quand les paysans eurent baissé leurs prix pour se rattraper, il était alors trop tard. Les usines avaient assez de provisions ou bien elles avaient déjà passé des baux avec les étrangers. Si les paysans avaient étudié les échanges et connu les prix du coton à l'étranger, ils n'eussent certainement pas commis cette erreur.

b) A cause de l'ignorance des transports directs :

Tout notre commerce du coton se fait par l'intermédiaire de l'Angleterre ou de l'Allemagne. Ce moyen n'est pas toujours des plus avantageux pour nous.

Ainsi il importe de perfectionner et d'étudier ce qui nous manque.

Au point de vue de la culture, la première chose à faire, est de savoir « choisir les semences ».

Ensuite, l'Etat doit avoir des laboratoires spéciaux pour étudier la nature du sol et toutes les questions concernant le coton. Tous les laboratoires doivent être dirigés par les anciens élèves de l'Ecole d'agriculture. De temps en temps, il faudrait faire des conférences aux paysans pour les instruire.

En outre, il faudrait essayer d'ensemencer les endroits non cotonniers mais susceptibles d'être propices à la culture du coton.

Quant aux méthodes de perfectionnement de la culture, théoriquement les agronomes les connaissent mille fois mieux que moi ; pratiquement, je ne connais presque rien et n'importe quel agriculteur pourrait être mon professeur. Mais comme c'est une partie très importante, je crois qu'il est bon de vous en parler, tout au moins pour vous exposer ce que j'ai lu ou ce que j'ai entendu :

a) Eviter le défaut de semer trop dense :

C'est une erreur de dire que le coton américain est meilleur que le nôtre, parce que le cotonnier américain est une plante ligneuse, tandis que celui de la Chine est une plante molle. A la vérité, ces deux sortes de cotons sont une même plante molle. Si nous semions le nôtre moins dense, ainsi que le font les Américains pour le leur, je crois que notre produit ne serait pas inférieur. Je répète encore une fois ; si le coton chinois, par une culture rationnelle, recevait suffisamment de soleil et d'eau, il se développerait aussi facilement que celui d'Amérique.

b) Les jachères sont nécessaires :

La terre n'est que la poussière de roches désagrégées et les petits cailloux que l'on y voit sont de véritables ateliers où travaillent des milliards et des milliards d'êtres vivants chargés d'opérer par d'admirables lois naturelles, les transformations qui permettent aux plantes de se développer. Grâce à ces élément, la terre peut réaliser des opérations incroyables. Si on la cultive sans cesse, elle deviendra de moins en moins fertile. C'est pourquoi il faut la laisser reposer une année sur quatre.

c) Conserver de l'humidité à la terre :

Il est entendu que le cotonnier ne doit pas avoir trop d'eau ; il ne doit pas tout de même en manquer. Il y a un moyen très pratique de conserver l'humidité à la terre : après un ou deux jours de pluie, le cultivateur doit tout de suite commencer par herser la terre pour que l'eau pénètre dans le sol et ne puisse s'évaporer trop vite. Ainsi le champ restera toujours humide.

d) Il faut considérer que la culture, pour être productive, emprunte à la terre ses richesses.

Si l'on veut éviter l'épuisement du sol, il faut lui restituer les emprunts qu'on lui a faits. C'est le rôle du fumier, des amendements, des engrais. Parmi ces derniers, il y a des matières très variées ; les plus modernes sont les produits chimiques. Avant d'employer ces engrais, on doit d'abord examiner la nature du sol. Autrement, les engrais, employés inconsidérément, peuvent nuire à la culture.

Voilà quelles sont les modifications exigées par la culture du coton en Chine. En voici une preuve pour l'illustrer.

Le Tché-Kiang est une province très favorable à la culture du coton, parce que son sol est très fertile et son climat très doux. Autrefois, le peuple de cette province cultivait d'après les anciennes méthodes, et il n'y avait ainsi aucun progrès de réalisé. Heureusement, il y a quelques années, on annonçait qu'entre Ning-Po et Chéou-Hing, on cultivait le coton suivant les méthodes américaines qui sont à peu près semblables aux nôtres. On adopta ces méthodes dans le Tché-Kiang et maintenant l'industrie du coton y est devenue plus florissante. Voici quelques chiffres remarquables pour le Tché-Kiang en 1915 (je cite ces anciens chiffres quoiqu'ils soient plus ou moins exacts) :

1°) La surface de cotonneries : 139.284 arpents.

2°) Le produit à la main-d'œuvre : 5.942.725 livres.

3°) Le produit à la machine : 7.383.142 livres.

4° Le prix total des produits : 2.303.920 dollars.

Cela nous prouve que la méthode américaine est efficace et que ce que nous avons dit est exact. Nous pouvons donc, d'après ces faits, dire que nous sommes à même de réaliser des progrès dans ce domaine.

Il y a aussi, nuisant au commerce du coton, les transactions faites par des intermédiaires .Mais il ne me semble pas difficile d'y remédier.

Nos industriels n'ont qu'à fonder des magasins en pays étrangers, et ce sera

parfait, Ainsi, on pourra traiter directement avec les consommateurs, sans avoir
besoin de ces intermédiaires coûteux.

En outre, l'Etat ou la Chambre de
Commerce doivent s'occuper de cette
question, examiner et comparer les
produits et les prix du coton des pays
étrangers avec les prix du coton de la
Chine. Ensuite ils les feront connaître au
public. Les commerçants comprendront
enfin quel avantage cela représente pour
eux, de transformer leurs moyens d'exportation.

La difficulté des communications et les
droits de toutes sortes obligent à augmenter les prix. Mais cela est hors du
sujet, et nous ne nous occuperons pas de
cette question.

Parlons maintenant un peu de l'industrie textile du coton. — En Chine, il n'y
a que deux sortes de consommation de
coton : l'une pour les habits d'hiver et
l'autre pour la filature. Cette dernière
joue un grand rôle. Avant la guerre, les

Chinois importaient beaucoup d'étoffes étrangères, et l'industrie de la filature chinoise ne pouvait prospérer, ni la consommation du coton augmenter.

Malgré l'achat du coton par les étrangers à un prix très élevé, nous ne réalisions pas les bénéfices auxquels nous eussions dû avoir droit, car ce coton nous étant revendu par les mêmes étrangers sous forme d'étoffes manufacturées dans leur pays, nous était rétrocédé à un prix dix fois supérieur. Chaque année nous consommons ainsi presque pour 200 millions de dollars d'étoffes étrangères.

Pour diminuer cette importation, il est de notre intérêt de « faire prospérer notre industrie de filature ». Heureusement, depuis quelque temps, nos filatures ont beaucoup progressé. Par exemple, en 1915, nous avions déjà produit 71.828.425 pièces d'étoffes d'une valeur de 82.148.860 dollars. Ceci était une bonne nouvelle. Voici le nombre des ateliers de filature de coton, pour chaque pays, en y comprenant les grands et les petits ateliers :

Pékin	36
Fong-Tien	382
Hé-Long-Kiang	51
Ngan-hoei	18.071
Tché-Kiang	15.567
Hou-Pé	30.400
Chang-Tong	5.852
Chang-Si	591
Kan-Sou	26
Sé-Tchoan	9.244
Koang-Si	13.559
Tché-Ly	76.450
Kirin	448
Kiang-Sou	96.087
Kiang-Si	6.141
Fou-Kien	769
Hou-Nan	38.307
Ho-Nan	5 666
Cheng-Si	1.594
Sing-Kiang	2.859
Koang-Tong	85.646
Yun-Nan	2.328
Koei-Tcheou (on n'en connaît pas encore le nombre exact).	

TOTAL............ 423.052

D'après les chiffres que nous avons sous les yeux, l'industrie de filature en Chine n'est pas nulle. Au contraire, je crois qu'elle prospérera beaucoup. Nous avons parlé de presque toutes les questions importantes au sujet de l'industrie du coton en Chine. Il nous reste à considérer les endroits où se fait la consommation des produits de cette industrie. On peut les diviser en deux parties :

1°) Ceux de consommation extérieure ;

2°) Ceux de consommation intérieure.

1°) Les ports de consommation pour l'extérieur sont : Tien-Tsien, Han-Kéou et Shang-haï. Voici quelques chiffres de l'exportation annuelle du coton pour les pays étrangers depuis quelques années :

De Tien-Tsien au Japon : 10.000.000 livres.

De Tien-Tsien aux autres nations : 28.000.000 livres.

De Shang-haï en Allemagne : 400.000 livres.

De Shang-haï aux autres nations :
27.000.000 livres.

2°) La consommation intérieure suffit
aux besoins des usines de filature et à
ceux des habits d'hiver. Tout le monde
sait que, pendant ces dernières années,
la consommation extérieure du coton chinois a beaucoup diminué ; mais ce que
l'on ne sait pas, c'est que la Chine consomme une plus grande quantité de coton
étranger et qu'à la veille de la guerre
nous avions déjà reçu 20 millions de
livres de coton d'Amérique et 7 millions
et demi de livres de l'Inde. La Chine, elle-
même, est donc un grand consommateur
en même temps qu'un fournisseur. Si
nous perfectionnions notre industrie,
nous ne manquerions pas d'acheteurs à
l'extérieur tout en procurant de nombreux avantages à l'intérieur de notre
pays.

SHU KIN TSIEN.

Nota. — Un arpent chinois = 6 ares 97.
Une livre chinoise = 604 grammes 53.

L'Indemnité des Boxers

En 1900, la crise des Boxers fit tomber la Chine dans l'époque la plus sombre et la plus triste de son histoire. Les déplorables souvenirs de ces événements n'ont pas été oubliés par notre peuple et ils laissent une empreinte ineffaçable dans sa mémoire. C'était par ignorance complète des choses extérieures que les favoris de la Cour et les aristocrates de la dynastie des Mandchoux se sont écriés : « Sauvons la dynastie et exterminons tous les étrangers. » Quelle erreur funeste chargée de conséquences redoutables ! Ils crurent réaliser quelque chose de merveilleux, mais ils ne purent qu'accomplir des actes burlesques. Leur plan échoua lamentablement ; ils laissèrent le pays en pleine calamité. La masse des insurgés désignée sous le nom de « Y-Ho-Touan » était composée des éléments naïfs du peuple qui ne pouvaient supporter la contrainte de ceux qui étaient chargés de recruter des adeptes à la religion chrétienne. Poussée et encouragée par la Cour, cette masse se souleva et se laissa aller à une action de la plus haute imprudence et condamnée par le reste du pays. Par conséquent, tout ceci n'était donc qu'un résultat venant de l'ignorance du droit international, plutôt qu'une action criminelle. Il serait plus équitable de considérer cet incident au point de vue juridique qu'au point de vue politique : la guerre des Boxers n'était qu'un conflit entre une partie du peuple et les étrangers et non une guerre déclarée à la suite d'un ultimatum, conformément aux règles du droit international. Malheureusement les choses ne s'accomplissent pas toujours selon notre désir. Nous en vîmes un nouvel exemple dans la sévérité avec laquelle les puissances exigèrent la condamnation des coupables. Les puissances prétendirent que les Chinois avaient commis un attentat au droit des gens. Plus de *cent mille innocents* furent déca-

pités et une lourde indemnité de 450 millions de taels devait être accordée aux
puissances lésées. Cette indemnité, paya-
ble en 39 ans, doit être versée à 13 pays
dont voici la liste que je vous cite avec les
chiffres des sommes revenant à chacun
d'eux.

Pays créanciers	Somme des Indemités
Russie .... Tls	130.370.120
Allemagne	90.070.515
France	70.878.240
Grande-Bretagne	50.712.795
Etats-Unis d'Amérique.......	32.939.055
Japon	34.793.100
Italie	26.617.005
Autriche	14.003.920
Belgique	18.984.345
Hollande	782.100
Portugal	
Espagne	212.490
Norvège	
Suède	

Tls totals...... 450.000.000

La somme des indemnités était fixée à
450 millions de taels, mais en y ajoutant
les intérêts de chaque année, le total se
chiffre en réalité par 952.064.074 taels. En
1901, le système monétaire, en Chine,
n'était pas adopté et les négociateurs de
paix, Li-Hung-Chang et le prince Ching
n'avaient pas pu déclarer encore, si le
payement serait versé en taels. L'année
suivante, quand échurent les termes, le
payement des indemnités fut effectué en
livres sterlings. De sorte que si le change
de la livre sterling était en hausse, les
indemnités subissaient une augmentation. En réalité, les indemnités dépassè-
rent la somme de 952.064.074 taels. De
cette ambiguïté dans le mode de payement
naquit la question du franc-or, question
sur laquelle je me permets d'attirer particulièrement votre attention, étant données les négociations actuelles entre les
gouvernements français et chinois. Nous
subissons aujourd'hui les conséquences
de la grave erreur commise par nos négociateurs de la paix, à qui il manqua une

vue nette et claire des affaires extérieures.

En vertu de l'article 12 du Protocole
signé en 1901 nous trouvons une liste qui
indique les indemnités principales, les
intérêts et la somme totale :

Terme	Année	Somme principale	Intérêts	Somme totale
		Tls	Tls	Tls
1º Terme	1901		9.000.000	9.000.000
	1902	1.923.077	18.000.000	19.923.077
	1903	1.923.077	17.923.077	19.847.154
	1904	1.923.077	17.846.154	19.769.231
	1905	1.923.077	17.769.231	19.692.308
	1906	1.923.077	17.692.308	19.615.385
	1907	1.923.077	17.615.385	19.461.539
	1908	1.923.077	17.538.462	19.538.423
	1909	1.923.077	17.461.531	19.384.615
	1910	1.923.077	17.384.625	19.307.693
2º Terme	1911	3.923.077	17.307.692	21.230.769
	1912	3.923.077	17.150.769	21.073.864
	1913	3.923.077	16.993.846	20.916.923
	1914	3.923.077	16.836.923	20.760.000
3º Terme	1915	962.308	16.680.000	26.372.308
4º Terme	1916	11.692.308	16.292.388	27.984.696
	1917	11.692.308	15.824.615	27.516.923
	1918	11.692.308	15.356.923	29.049.231
	1919	11.692.308	14.889.231	26.581.539
	1920	11.692.308	14.421.538	26.113.846

Terme	Année	Somme principale	Intérêts	Somme totale
		Tls	Tls	Tls
	1921	11.692.308	13.593.846	25.646.154
	1922	11.692.308	13.486.145	25.178.462
	1923	11.692.308	13.018.461	24.710.769
	1924	11.692.308	12.554.769	24.247.076
	1925	11.692.308	12.087.077	23.779.385
	1926	11.692.308	12.519.384	23.311.692
	1927	11.692.308	11.511.692	22.848.000
	1928	11.692.308	10.684.000	22.376.308
	1929	11.692.308	10.216.307	21.908.615
	1930	11.692.308	9.748.625	21.440.923
	1931	11.692.308	9.280.923	20.973.231
5° Terme	1932	24.470.086	8.813.231	33.283.317
	1933	24.470.086	7.384.427	32.304.513
	1934	24.470.086	6.855.624	31.325.710
	1935	24.470.086	5.876.820	30.346.906
	1936	24.470.086	4.898.017	29.368.103
	1937	24.470.086	4.119.213	28.589.299
	1938	24.470.086	2.940.410	27.410.596
	1939	24.470.086	1.961.606	24.131.692
	1940	24.470.086	978 803	2.544.889
Tls totales	. . . .	450.000.000	502.064.074	952.064.074

Cette liste nous donne une statistique assez détaillée des différentes échéances de l'indemnité des Boxers. Mais il est intéressant de savoir quelle partie en a déjà été payée, quelle partie n'a pas été payée et quelle partie en a été annulée. En 1902, la somme totale payée aux Puissances créancières atteignit 317.000.000 taels. — Le Gouvernement des Etats-Unis d'Amérique nous a rendu, en 1908, la somme de £. 2.157.000, laquelle fut désignée pour subvenir aux fonds du Tsing-Hwa Collège. A présent, la balance due aux Etats-Unis d'Amérique est la moitié de la somme accordée, c'est-à-dire £. 13.000.000. — A la suite de la défaite de l'Allemagne et de l'Autriche dans la dernière guerre mondiale, la Chine qui se compte parmi les pays vainqueurs, était par conséquent en plein droit de faire l'annulation des indemnités de ces deux pays vaincus. — La partie due à la Russie, qui représente les 28 % de la somme totale des indemnités, avait été mise en suspension de payement depuis la Révolution moscovite. Dans l'accord sino-russe de 1924, il est stipulé qu'elle sera affectée aux œuvres éducatives. A présent, il nous reste encore dix puissances créancières, ce sont : la Grande-Bretagne, la France, le Japon, l'Italie, la Hollande, la Belgique, le Portugal, l'Espagne, la Norvège et la Suède à qui nous devons continuer à payer le reste des indemnités. Parmi ces Puissances, la Grande-Bretagne, la France et le Japon ont les parts les plus considérables comme le montre la liste ci-dessous :

		Somme originale	Balance due
Grande-Bretagne	£	16.573.810	11.186.574
France	Frs	580.160.025	391.581.592
Japon	£	11.390.703	7.531.985

Voici, Messieurs, un bref résumé de l'étude sur les indemnités des Boxers qui ne porte que sur la partie documentaire, sur les chiffres de statistiques. Je me réserve pour la prochaine fois de vous entretenir de la question du franc-or dès que je posséderai certains documents nécessaires à cette étude et qui me manquent en ce moment.

LING CHANG.

La Question du « franc-or » dans le paiement de l'indemnité des Boxers [1]

Messieurs,

Aujourd'hui, à l'occasion de notre réunion habituelle, j'ai l'honneur de vous parler de la question du paiement en « franc-or » de l'indemnité des Boxers Cette question est une question du jour, d'importance extrême, que ce soit au point de vue politique ou au point de vue financier, ou encore au point de vue des relations amicales entre la Chine et la France. Donc nous avons intérêt à la connaître non seulement en apparence, mais à fond. Trois questions se posent :

1º La France a-t-elle le droit de réclamer le paiement en or ?

[1] Conférence faite, le 29 mars 1924, à la réunion de la Société des anciens élèves et élèves Chinois de l'Ecole libre des Sciences politiques.

2° La Chine a-t-elle raison de le refuser ?

3° Comment peut-on résoudre cette question si délicate sans porter atteinte à l'amitié des deux pays ?

Vous autres, mes chers camarades, qui êtes les uns dans la section diplomatique, les autres dans la section financière de notre école, vous vous intéressez naturellement beaucoup à cette question. C'est pourquoi je l'ai choisie comme sujet de mon exposé. Malheureusement je crains que mes connaissances ne soient pas suffisantes pour bien éclaircir une question aussi importante et aussi difficile à résoudre, je vous demande alors de m'excuser pour les erreurs qui pourraient se glisser dans mon exposé, ou les idées un peu trop personnelles que je pourrais émettre.

Tout d'abord, quant à l'origine historique de la question, je crois que je n'ai pas besoin de vous dire grand'chose ; car, vous la connaissez sans doute tout aussi bien que moi. Cette histoire est un peu deplorable pour nous, les Chinois. Elle est et elle sera toujours une des tâches les plus ardues que notre diplomatie aura à résoudre. Pour entrer dans le vif de cette question, il me semble qu'il est indispensable de retracer son histoire en quelques mots, et cela, pour la compréhension plus claire du sujet.

C'était en 1900. A la suite des pressions étrangères qui s'exercèrent dans notre pays, un sentiment xénophobe naquit chez un certain nombre de nos compatriotes. Alors ils constituèrent une armée et on les appela les « Boxers ». Ils avaient pour but de chasser de Chine tous les étrangers, de quelle nationalité qu'ils fussent. C'était une conception évidemment exagérée, mais qui marquait une idée patriotique. Par suite de leur insuccès, ils nous léguèrent une charge tellement lourde, que malgré les vingt-cinq ans écoulés nous ne sommes pas encore arrivés à nous en libérer. Le 7 septembre 1901, un protocole avait été établi entre la Chine et les Puissances alliées, par lequel on avait fixé l'indemnité à une somme globale de 450 millions du tael-kaïkouen en or, non pas en une haïkouen par tête d'habitant. La part de la France était égale à 265.793.000 francs). Le paiement devait en être effectué en 39 ans. Ce traité a été exécuté fidèlement par la Chine jusqu'en 1917, époque à laquelle le service de la dette a été interrompu par suite de la déclaration de guerre de la Chine à l'Allemagne. A cette époque, les Puissances alliées accordèrent à la Chine de suspendre ses paiements pendant une période de cinq ans. Le service de la dette devait reprendre en 1922 et c'est à ce moment-là que s'est posée la question du « franc-or ».

Avant de donner raison soit au Gouvernement français, soit au Gouvernement chinois, voyons d'abord le traité de 1901, d'après lequel la Chine s'engageait à payer cette indemnité. Voici l'article VI du traité du 7 septembre 1901 qui fixe le taux du paiement : « Ces 450 millions de taels sont évalués en or au taux de :

tant pour l'Allemagne, tant pour l'Angleterre, tant pour les Etats-Unis, etc., etc., et enfin pour la France, on avait fixé le taux à 3 fr. 75 pour un tael-kaïkouen ». C'est sur ce texte que la France s'appuie naturellement en excipant des mots « en or » pour nous réclamer le paiement en or. Mais c'est là une idée absolument fausse. Les dits mots « en or » ne peuvent signifier rien autre chose que la monnaie d'or respective de chacune des Puissances signataires, dans sa relation avec la valeur du tael-kaïkouen qui est un étalon d'argent. C'est cet étalon qui a servi à la stipulation de l'indemnité de 1900. En d'autres termes, « en or » ne signifie pas en « métal or », mais simplement en « monnaie or ». Cela paraît clair, d'après l'article VI du protocole, qui, tout en déclarant que les 450 millions de taels-kaïkouen d'indemnité constituent une dette en or, fixe l'équivalent du tael-kaïkouen en or non pas en une certaine quantité de métal or, mais en monnaie d'or des Puissances signataires, basée sur leurs étalons d'or respectifs.

En ce qui concerne la manière dont on a voulu que les paiements fussent faits, ce fut l'arrangement du 2 juillet 1905 qui, tout en déclarant que l'indemnité est une dette or, régla définitivement et une fois pour toutes le mode précis de paiement. Cet arrangement stipule que : « La Chine fera ces paiements, calculés d'après la base mentionnée ci-dessous, qui fixe la relation entre la valeur du tael-kaïkouen du protocole, et la valeur de la monnaie de chaque pays, soit en argent, selon le prix de l'argent sur le marché de Londres, soit en billets-or, ou en transferts télégraphiques, au choix de chaque Puissance. La Chine pourra obtenir des billets et des transferts télégraphiques au mieux de ses intérêts, où elle voudra, à n'importe quelle banque, au prix le plus bas qu'elle trouvera, ou par soumission publique, à la condition que les paiements en or soient faits à chaque Puissance à la date stipulée. Il est entendu que la Chine est responsable du paiement des transferts et des billets. Chaque Puissance, en acceptant ces propositions, doit faire connaître au Gouvernement chinois lequel des trois modes. expliqués ci-dessus, elle choisit *jusqu'à l'extinction de la dette* ». Le même jour (2 juillet 1905), par les notes séparées adressées au ministère des Affaires Etrangères chinois, les Puissances signataires indiquèrent le mode de paiement que chacune d'elles préférait. Le choix fait par les différentes Puissances fut comme suit :

MODE DE PAIEMENT	PAYS
1° Transferts télégraphiques en leur propre monnaie (suivant le cours des changes).	Belgique, France, Grande - Bretagne, Hollande, Italie et Etats-Unis d'Amérique.
2° Transferts télégraphiques en livres sterling sur Londres	Japon.
3° Provisoirement paiement en argent, selon le prix de l'argent sur le marché de Londres (mais en 1906 choisit définitivement le paiement par traite).	Espagne.

Vous voyez donc que presque toutes les Puissances ont choisi le mode des transferts télégraphiques, soit en leur propre monnaie, soit en monnaie étrangère. Ce mode de paiement fut choisi et accepté à la condition expresse qu'il dût continuer « *jusqu'à l'extinction de la dette* ». Depuis la date de l'arrangement de 1905, ces modes de paiement ont été fidèlement exécutés sans interruption par la Chine et n'ont suscité aucune discussion. Donc il nous paraît aussi clair que certain, que l'arrangement de 1905 annule les dispositions de l'article VI du protocole de 1901.

Maintenant la France, en voyant sa monnaie dépréciée, a voulu reconstituer sa créance en or. C'est là une conception inadmissible. Elle dit que par suite du désarroi monétaire actuel, la Chine n'a pas le droit de profiter d'un tel avantage et que la France ne saurait consentir à une aussi cynique amputation de sa créance (*Revue du Pacifique*). A ce propos, on peut se demander si ce langage est raisonnable au sujet d'une affaire internationale conclue depuis 20 ans ? Supposons que le franc, au lieu d'être déprécié, soit monté jusqu'à 2 fr. 75 ou même 2 fr. 50 par exemple. C'est ce qui est arrivé avant la guerre. Est-ce qu'alors, la France a pensé à consentir à la Chine une modification du mode de paiement pour revenir au taux fixé par le protocole de 1901, c'est-à-dire de 3 fr. 75 par tael-kaïkouen ? A ce moment-là la Chine ne manifesta jamais ce désir parce qu'elle a toujours considéré, autrefois comme maintenant, qu'en matière de Droit international, l'une des deux parties signataires d'un traité n'a pas le droit de modifier, en vue de son propre intérêt, les conditions déjà conclues et exécutées, sans consentement de l'autre partie. Maintenant la situation a changé; pourquoi nos amis français n'agissent-ils pas comme nous agîmes avant la guerre ? C'est-à-dire pourquoi ne respectent-ils pas le traité sans regarder s'il en résulte ou gain ou perte pour une partie ou pour une autre ?

De plus, la dépréciation monétaire est une question purement nationale. En dehors du pays cette question ne se pose pas. Il est vrai que le franc-papier est déprécié, mais il est toujours considéré comme un franc dans les échanges internationaux et l'étalon monétaire français est toujours resté un étalon or. Autrement dit, si la valeur réelle du franc se déprécie par rapport aux autres marchandises, sa valeur nominale reste toujours la même. Si la France ne reconnaissait pas qu'un franc-papier a la même valeur qu'un franc-or, que représenterait alors le billet de la Banque de France ?

En résumé, à la reprise du service de la dette, la Chine eut bien raison de suivre le mode de paiement qu'elle avait exécuté pendant dix-sept ans, et pour cette affirmation je me base sur les trois raisons suivantes :

1º Il faut qu'elle respecte le traité qu'elle a conclu avec les Puissances. Dans ce traité, le mode de paiement lui a été indiqué et a été choisi par les Puissances elles-mêmes. A plus forte raison, elle doit respecter l'arrangement de 1905 dans lequel on a bien stipulé que ce mode de paiement devait continuer *jusqu'à l'extinction de la dette.*

2° Elle a le droit de bénéficier du gain à cause du change, parce qu'autrefois elle avait bien subi une perte pour la même cause. Et ce gain et cette perte lui ont été imposés implicitement par le traité.

3° En considération du régime monétaire, la France ne peut pas refuser de recevoir le franc-papier qui, en vérité, représente l'unité monétaire française, c'est-à-dire le franc-or.

Ceci dit, je tiens à vous faire remarquer en plus, qu'une conséquence grave pourrait être entraînée par le fait que la Chine consente à payer la France en or, en sacrifiant tous ses droits par esprit de conciliation pour entretenir les bonnes amitiés des deux nations. Cela constituerait un mauvais exemple dans l'histoire diplomatique, de sorte que tous les pays créanciers de la Chine ressortissants du même traité de 1905 seraient venus à lui réclamer de même un paiement en or, parce que presque tous ces pays, ont eux aussi une monnaie dépréciée. Alors on se rendra vite compte quelle perte incroyable cela serait pour la Chine. Qu'il suffise de regarder le chiffre écrasant calculé par les techniciens au cours actuel du change qui porte la part de la France à 69.925.273 taels-kaïkouens, soit 978.953.800 francs. Si l'on ajoutait la part des autres pays, la Chine aurait à subir une perte dix fois plus grande encore que le chiffre exprimé ci-dessus. Comment veut-on que la Chine puisse faire un tel sacrifice pour rien ?

Autre argument invoqué par la France : elle dit qu'il y a l'accord du 2 février 1923, signé par le ministre des Affaires Etrangères chinois, alors M. Houan-Fou et le ministre de France à Pékin ; accord qui peut annuler les dispositions de la Convention de 1905 pour en revenir à l'esprit du texte de 1901 qui prend le tael-kaïkouen comme équivalent à 3 fr. 75. Ce qui montrera l'erreur profonde qui se trouve chez nos amis français, c'est que le Parlement chinois, comme on le sait, s'est refusé à donner son approbation à cet accord. Donc il ne peut exister. C'est là une question élémentaire de droit constitutionnel de presque tous les pays qui ont une législation moderne, du moins de toutes les républiques, et de la France en particulier. Le Parlement est en effet le seul organe qui ait le pouvoir législatif, c'est-à-dire qu'aucun traité et qu'aucune loi ne peuvent se passer de son intervention. Donc l'accord de 1923 entre les ministres chinois et français ne peut être considéré que comme une simple négociation, sans aucune valeur quant à l'exécution. On peut citer, à ce propos, le traité de Versailles par exemple auquel le Sénat américain n'a pas encore donné son approbation et qui ne peut ainsi être mis en exécution, du moins pour les Etats-Unis.

Pour compléter les raisons que je viens d'énumérer ci-dessus, voyons maintenant ce qu'a dit notre ministre des Affaires Etrangères, M. W. Kou, sur la question du franc-or, le 27 décembre 1923, dans la réponse du Gouvernement de Pékin aux Puissances signataires. Il dit notamment : « La Chine maintenait que l'indemnité en or des Puissances signataires avait été convertie en argent au taux stipulé dans le dit article, que son obligation totale était ainsi expressément limitée à 450 millions de taels-kaïkouens avec intérêt à 4 %, et ceci d'après le bon que la Chine avait signé et remis au corps diplomatique. Par conséquent, elle s'était entièrement libérée de son obligation, en payant en taels-kaïkouens la somme stipulée. Pendant trois ans le Gouvernement chinois refusa, ou de signer les bons fractionnaires en or, ou de combler le déficit créé par le paiement en argent. Ce fut seulement après que les Puissances eurent consenti à fixer définitivement le futur mode de paiement applicable « jusqu'à l'extinction de la dette » que le Gouvernement chinois consentit à signer les bons fractionnaires en monnaie de chacune des Puissances et de leur payer en plus la somme de 8.000.000 de taels-kaïkouens comme compensation des pertes subies par le change or pendant les années de 1902-1904. Le résultat en fut l'arrangement de 1905 et les Puissances fixèrent leur choix le jour même. »

Dans ce passage que nous venons de voir, nous pouvons remarquer deux points essentiels que notre ministre, M. Kou, a bien exprimé : 1° Quoique cette dette fût en or, elle avait été convertie en argent et limitée à 450 millions de taels-kaïkouens, donc nous serions entièrement libérés si nous payions en taels-kaïkouens la somme stipulée, et nous n'avons pas besoin de nous occuper des questions de franc-or ou de franc-papier ; 2° la Chine a payé 8 millions de taels-kaïkouens comme compensation des pertes subies par le change or afin d'obtenir le consentement des Puissances pour l'arrangement de 1905. Maintenant la France vient nous demander un changement de mode de paiement, quelle somme nous offre-t-elle comme compensation pour les pertes que nous allons subir ?

J'arrive maintenant à ma troisième question. Comment peut-on résoudre cette question si délicate sans porter atteinte à l'amitié des deux pays ? A ce sujet, permettez-moi de vous rappeler en quelques mots l'origine de la différence qu'il y a entre le franc-or et le franc-papier actuellement en circulation. La cause principale de cette différence est tellement simple que tout le monde la connaît. Ce furent les avances successives faites par la Banque de France au Gouvernement français pendant la guerre, qui eurent comme conséquence une inflation formidable des billets de banque. D'autre part, la cause en fut aussi que l'encaisse or de la Banque de France a été exportée en partie vers l'étranger pour garantir les emprunts consentis à l'Etat français sur les marchés étrangers. Puisqu'il y avait inflation des billets de banque d'une part, et diminution de l'encaisse or qui est la garantie principale des billets en circulation d'autre part ; il a été de rigueur que les billets de la Banque de France prennent le cours forcé, c'est-à-dire que tout en conservant leur valeur, ils ne soient plus échangeables contre l'or. Dès lors, le franc perdit sa valeur réelle et se déprécia peu à peu. Jusqu'à présent il y a un écart considérable entre sa valeur réelle et sa valeur nominale. On voit ainsi que la solution de la question est bien simple. C'est que la France, au lieu d'aller demander à la Chine de lui payer en or, n'a qu'à s'occuper de sa politique financière. Autrement dit, il lui est nécessaire de faire une politique de déflation qui la ramènera au régime monétaire d'avant-guerre. Pour pouvoir réaliser la déflation, elle doit d'abord réaliser l'équilibre budgétaire. Ici je m'excuse de ne pas traiter la question de la déflation en détail, car ce n'est pas mon sujet. Une fois la déflation réalisée, cela permettra au franc de reprendre son cours légal. De la sorte, la question du franc-papier ou du franc-or ne se poserait plus. Alors la question du paiement de l'indemnité des Boxers en francs-or se résoudra toute seule. Cela est peut-être la seule vraie solution et à coup sûr la plus raisonnable que l'on puisse trouver.

Je pourrais vous dire en concluant que nous sommes ici en présence d'une Puissance qui veut à tout prix satisfaire ses propres intérêts, sans se soucier des gravités qui peuvent résulter d'un mauvais exemple dans l'histoire diplomatique. Elle nous attaque de tous les côtés et par tous les moyens possibles. Nous, les Chinois, nous devons nous défendre avec autant d'énergie que de loyauté, sachant respecter la moindre des règles du droit international. Nous espérons que nos amis français en viendront à négocier cette affaire avec beaucoup de franchise et de bon sens, mais ni par force ni par menace. Cela permettrait peut-être d'en arriver à de bons résultats. Cela serait non seulement dans l'intérêt des relations amicales entre la Chine et la France, mais cela pourrait être encore une bonne œuvre pour la paix mondiale.

En terminant, je vous remercie infiniment de toute l'attention que vous avez bien voulu me prêter. Je m'empresse d'ajouter encore quelques mots pour m'excuser des quelques phrases que j'ai prononcées dans mon exposé qui peuvent en apparence faire douter de mes sentiments francophiles. Je puis vous dire en fait que ce serait là une grosse erreur ; car personnellement j'aime beaucoup la France et j'ai de bons amis français. La France est un peuple admirable, très intelligent et énergique, extrêmement bon et fraternel. Je peux même dire que l'on trouve peu de peuples aussi parfaits que l'est celui de la France. Nous autres, nous lui devons beaucoup, puisque nous nous sommes tous instruits dans une de ses meilleures écoles. Si nous employons des termes un peu violents à l'égard de la France, c'est uniquement pour discuter de la question. Nous n'en restons pas moins un de ses amis les plus fidèles.

SIAO WEN-SHI.

Le Fédéralisme et la Chine

Depuis treize ans que la République est établie, la guerre civile n'a pas encore cessé de régner dans certaines parties de notre pays. Ceux qui souhaitent que la Chine prospère dans de meilleures conditions et que la paix intérieure soit définitivement rétablie, se demandent souvent si le système du fédéralisme ne nous conviendrait pas mieux. Les raisons qu'ils invoquent sont les suivantes :

La Chine est trop grande pour qu'une seule autorité centrale puisse la gouverner et les intérêts de vingt-deux provinces sont trop différents les uns des autres pour qu'elles se résignent à sacrifier une partie de ceux-ci en faveur de l'unité. La lutte qui continue en est pour eux une preuve constante.

Pour mieux comprendre la question, il faut d'abord connaître les causes de cette lutte. La première cause que nous pouvons trouver est dans le domaine naturel. Quand une révolution ou un changement de statut d'Etat se produit dans un pays quelconque, il y a toujours de grands bouleversements qui en résultent. C'est un mouvement inévitable. Aucune force humaine ne saurait l'empêcher. La seule chose que nous pouvons faire dans ce cas est de prendre les mesures nécessaires pour éviter la catastrophe générale qui peut nous menacer.

La seconde cause est aussi simple que la première. Il y avait un désaccord entre les divers partis, sur la politique qu'il convenait d'adopter pour concentrer l'autorité et pour mieux gouverner la Chine. La lutte n'est donc en aucune manière un signe de la séparation du Nord et du Sud, comme on pourrait le croire. La révolution en Chine a été momentanément une décentralisation, parce qu'elle s'est faite dans les provinces au lieu de se produire dans la capitale. Les partis politiques qui se

formaient dans les provinces, pendant la
révolution, se croyaient maîtres de la
situation et voulaient l'emporter les uns
sur les autres, au lieu de marcher sur le
même pied comme cela eût dû l'être.

Examinons maintenant le fédéralisme
en lui-même. La tendance actuelle et
même celle du passé est toujours dirigée
vers la concentration du pouvoir. Notre
ancienne histoire nous montre, que lorsque les empereurs se firent remarquer à
la veille de leur chute par la tyrannie,
amenant ainsi le désordre ou la révolution dans l'Etat, ce fut toujours une
autre famille puissante ayant la force de
concentrer toutes les parties de la Chine,
faisant disparaître les irréguliers, inau-
gurant une dynastie nouvelle, ce fut toujours cette famille qui prit le pouvoir.
En Europe, cette tendance à la concentration n'est pas moins remarquable.
Après une longue guerre nationale, l'Italie réunit les petits Etats en un seul
royaume ; Bismarck fonda un empire
germanique au XIXᵉ siècle ; tout cela nous

permet de croire que la concentration du pouvoir n'est pas seulement un moyen possible pour rétablir la paix intérieure, mais qu'elle est aussi le meilleur moyen de développement de la puissance nationale.

Si les Etats-Unis pratiquent le fédéralisme, c'est un cas exceptionnel. Ils étaient des Etats trop indépendants avant d'être unis, et la distinction de race y est aussi trop accusée entre les blancs, les noirs et les rouges. Ces causes ne leur permettraient peut-être pas de se former en une seule masse comme l'Italie ou l'Allemagne. Quant à la Chine, elle est unifiée depuis des siècles et toujours sous la forme de la concentration du pouvoir. Sous prétexte qu'il est impossible de placer un si vaste pays sous un seul Gouvernement on veut maintenant le décentraliser et le morceler en plusieurs Etats. Je ne vois vraiment pas les avantages qui peuvent nous pousser à adopter ce système, en laissant, du jour au lendemain, le peuple diriger lui-même les affaires de l'Etat, détruisant inévitablement ainsi la force nationale. Il ne suffit pas qu'un système nous semble bon, mais il faut envisager avant de le pratiquer, le sentiment du peuple et la situation du pays.

Supposons qu'un jour, ce système soit pratiqué en Chine, quel résultat pourrait-il nous donner ? J'examinerai cette question sous trois points de vue :

1°) Au point de vue politique. D'après le journal « La Croix » qui donnait un article sur l'organisation de l'Etat fédéral que la province Yun-Nan est en train de préparer, la province sera régie par un Gouverneur général, élu par le peuple, et huit commissaires (nommés par celui-ci), dirigeant toutes les grandes affaires et tous responsables devant l'Assemblée provinciale. Quoiqu'il dise, il y aura ainsi peu de changement. Le seul trait du nouveau régime se différenciera de celui de l'ancien en ce que le Gouvernement général sera désormais élu par le peuple. Il va sans dire qu'il aura plein pouvoir pour diriger les affaires dans sa propre province sans demander nécessairement l'avis du Gouvernement central. Je vois immédiatement le danger qui se cache sous le voile : c'est que le Gouverneur général peut avoir l'audace d'en faire à sa tête, soit pour des raisons personnelles, soit pour des intérêts exclusivement provinciaux. Le conflit des propriétés entre le Japon et l'Etat de Californie et la question toute récente entre la Bavière et le Reich sont là pour en donner des exemples très utiles. Nous savons que les Etats-Unis ont été, à un moment donné, très embarrassés par cette question. D'autre part, le Reich fut obligé finalement de s'incliner devant l'Etat de Bavière.

2°) Au point de vue financier, sous l'ancien régime et même au début de la République, la plupart des impôts étaient versés par les provinces au Trésor central. Comme les impôts locaux étaient très modiques, si certaines provinces pauvres ne se suffisaient pas pour vivre, c'était le Gouvernement qui examinait leurs cas et qui leur accordait une subvention annuelle. Au fond c'étaient toujours les provinces riches qui, avec le surplus, aidaient les autres. Cela n'était pas seulement un excellent moyen pour équilibrer les budgets provinciaux, mais aussi une idée délicate pour nous montrer qu'il faut s'entraider dans la vie sociale comme dans la vie privée, afin de supporter les dettes publiques dont nous sommes débiteurs. Si nous nous placions sous le régime fédéral, il est certain que les versements faits par les provinces seraient supprimés, et que la subvention annuelle accordée par le Gouvernement deviendrait impossible. Comment pourra-t-on constituer dans ce cas l'équilibre économique et financier entre les provinces riches et pauvres ? Et comment pourra-t-on arracher de force à des voisins plus fortunés ce qui manque à certaines contrées ? Il est vraiment difficile de trouver une solution possible pour résoudre ces problèmes.

3°) Au point de vue social. Les deux premières questions en entraînent naturellement une troisième qui est la question de la race. Quand la frontière de chaque province sera nettement établie et que la tradition de solidarité sera rejetée, l'homme, à tort ou à raison, fera passer certainement ses intérêts avant son abnégation et le sentiment national s'effacera peu à peu devant l'égoïsme impitoyable. Il y aura désormais des conflits inévitables entre les provinces et entre les races, et cela a d'ailleurs été très souvent la cause principale des guerres intérieures de notre histoire.

La transformation de la Chine est vraiment une question très importante et qui mérite d'être étudiée ; mais nous devons l'étudier avec beaucoup de prudence et sans parti pris. En l'étudiant, nous ne devons avoir qu'un seul but et qu'une seule pensée : travailler pour la grandeur et la prospérité de notre patrie.

Il est à souhaiter qu'avant d'appliquer ce système les hommes compétents soient

convoqués pour examiner minutieusement les circonstances et la situation, en
vue de ne pas précipiter la Chine dans
les risques qui seraient de graves obstacles pour son avenir.

J. A. M.

La Situation actuelle en Chine

Mesdames,

Messieurs,

J'ai l'honneur d'être chargé par M. le Président de la Section diplomatique d'exposer devant votre assemblée la situation actuelle en Chine. Je le ferai en m'excusant de tout ce que peut avoir d'incomplet l'exposé d'une question aussi vaste et aussi compliquée. Je m'en tiendrai autant que possible à l'exposition pure et simple de certains faits, de certains événements saillants de la vie économique et politique de mon pays.

Un rapide examen historique au sujet de ces dernières années s'impose néces-

____

(1) Conférence faite à l'Association des Anciens Elèves de l'Ecole des Sciences Politiques, décembre 1924.

sairement, car c'est en regardant vers le passé que le présent est connu et que l'avenir s'éclaire.

Il y a treize ans, avant la Révolution de 1911, nous vivions encore sous le régime impérial qui constituait l'unité politique de la Chine. Ce pouvoir impérial offrait un exemple de centralisation comparable à celle des empereurs de Russie d'avant-guerre. Le « père et la mère » du peuple chinois peut se comparer au « Petit père de Russie ». Les premières atteintes portées au prestige ancestral du pouvoir monarchique, furent sans contredit les défaites successives subies par les troupes impériales devant les armées étrangères, moins nombreuses, peut-être, mais mieux armées. En plus, la dernière dynastie, la dynastie mandchoue, fut d'un tel despotisme, qu'un mouvement de mécontentement dans toutes les classes sociales détermina la révolution qui instaura la nouvelle République chinoise. L'âme de cette révolution fut le populaire Sun Yat Sen. Mais

ceux qui la firent et qui en profitèrent
furent les généraux qui étaient autrefois
autour de l'empereur. Le général Yuen
Che Kaï, proclamé Président de la République, réussissait à conserver un Gouvernement bien centralisé à cause de sa
forte puissance militaire. Les autres
généraux des différentes provinces lui
obéissaient. Mais Yuen Che Yaï, poussé
par l'ambition et voulant augmenter
encore sa puissance par une centralisation plus grande des pouvoirs, se vit à
son tour renversé en 1916 par une nouvelle révolution des généraux républicains qui représentaient les sentiments
populaires. On peut dire que c'est sous
la présidence du général Li Huen Hong
que commença l'anarchie militaire qui
sévit en Chine à l'heure actuelle. Chaque
général ne s'occupe que de ses intérêts
particuliers sans se soucier d'unité politique ou économique sous un gouvernement fort et bien centralisé, qui aurait
représenté la Chine. Ces généraux eurent
leur politique basée sur la force brutale,

chacun essayant d'étendre sa puissance
au détriment de celle du voisin, et même,
comme on le voit en ce moment, essayant
de se renverser réciproquement. Li Yuen
Hong fut à son tour renversé en 1918 à
cause de ses emprunts au Japon et par
la politique trop favorable aux intérêts
japonais de son premier ministre Touan
Ki Soui. Ou Peï Fou renversa ce Gouvernement qui s'était attiré l'inimitié
populaire à cause de son abaissement
vis-à-vis du Japon. Naturellement, ce
changement de gouvernement fut considéré comme une défaite japonaise et le
nouveau Gouvernement de Fong Kou
Tchang se tourna vers les Américains
qui apparaissaient sous la figure pacifique de prêteurs d'argent et non pas de
colonisateurs à la façon japonaise. C'est
sous la présidence suivante que la Chine
vit discuter son indépendance à la fameuse Conférence de Washington. Cette
Conférence marque un point important
dans l'histoire chinoise, car on y vit clairement qu'aucun gouvernement central

ne pouvait être solidement établi, parce que : 1° les emprunts successifs des différents gouvernements précédents engendraient l'impossibilité d'établir une force de coercition convenable à tout vrai Gouvernement ; 2° sur le territoire chinois se heurtaient des rivalités économiques puissantes bien disposées à ne pas lâcher pied et que ces puissances économiques n'étaient peut-être pas étrangères à la guerre civile entre les différents généraux, ceux-ci étant naturellement toujours en quête d'argent pour continuer leurs guerres. Voici le bref historique des causes qui expliquent l'anarchie militaire actuelle et qui peut aussi expliquer la lutte entre Tchang Tso Ling qui représente les intérêts japonais d'une part, et Ou Peï Fou qui représente les intérêts de la plus forte puissance financière, les Etats-Unis.

D'ailleurs, c'est ici le cœur de la question. C'est en examinant les forces des étrangers en Chine qu'on en arrive à s'expliquer entièrement les changements de la vie politique, économique et sociale de mon pays. De même que s'expliquent beaucoup de relations ou d'antagonismes internationaux en envisageant la question chinoise.

Avant la guerre, chaque pays colonisateur [Etats-Unis à part] avait conquis ses pénétrations ; la France dans le Yunnan, le Japon en Corée et en Mongolie, les Anglais à Hong Kong, les Allemands à Tching Tao, etc... et déjà se faisait sentir la politique financière de conquête par l'établissement des zones d'influence. Sans m'étendre sur cette période, j'indiquerai seulement la période de la guerre pendant laquelle le Japon réussit à s'emparer des possessions allemandes et à pénétrer sur le sol chinois avec ses armes et ses canons alors que toutes les nations alliées combattant sur les champs de bataille d'Europe se délivraient d'un ennemi commun. Pendant ce temps-là le Japon poursuivait en Chine ses intérêts particuliers au détriment du peuple chinois. Il se trouvait d'ailleurs en ce moment un Gouvernement chinois incapable de résister à ses ambitions, car non centralisé. Le Japon puisant ses forces vitales en Chine, où il trouve de la houille, du fer, des matières premières de toutes sortes devenait ainsi une grande puissance dans le Pacifique. A mon avis, et c'est aussi celui de M. Archambaud qui a écrit sur cette question des articles admirables dans la *Revue du Pacifique,* la Conférence du désarmement était la Conférence de la Chine.

Quels ont été pour la Chine les résultats de cette Conférence ? Est-ce que l'ingérence souvent malheureuse des financiers des différents pays étrangers a été écartée ? Est-ce qu'ont disparu les généraux fauteurs des guerres civiles qui désolent nos malheureuses provinces ? Est-ce qu'un Gouvernement enfin fortement centralisé a été constitué pour rétablir le calme ? Rien de tout cela n'est arrivé et c'est ainsi que quelques mois après la Conférence de Washington reprenait le combat entre Tchang Tso Ling et Ou Peï Fou, non loin de Pékin, dans la province de Tche-Li. En plus, on constate que le Japon n'a pas abandonné les concessions qu'il devait libérer de ses armées. D'autre part, le Gouvernement de Pékin s'embourbe de plus en plus dans sa politique d'emprunts aux Etats-Unis qui ont installé dans notre pays de nombreuses banques, écoles, etc...

Ayant exposé très brièvement, dans les lignes générales, la situation de mon pays, j'insisterai sur la grosse vérité qui se dégage dès maintenant de mes quelques paroles ; c'est qu'en ce moment les phénomènes sociaux d'apparence purement locale de la Chine s'expliquent incomplètement et sont même incompréhensibles, si on n'examine à côté les problèmes internationaux. Je ne veux pas entrer dans les détails, chacune de mes affirmations précédentes peut se vérifier par beaucoup d'exemples et de faits que j'ai négligé de donner et qui constitueraient une trop grosse documentation qu'il serait fastidieux de repro-

duire ici. Il me reste, après avoir parlé
de la politique intérieure et extérieure
de la Chine, à passer à l'examen toujours
rapide des phénomènes sociaux internes
qui dissolvent notre vieille organisation
séculaire. Les quelques usines dans Shanghai, Han Kéou, Pékin, etc., les lignes
de chemins de fer, les progrès importés
d'Europe ont amené dans les grandes
villes de mon pays une concentration de
la population. Il est apparu ce que l'on
appelle le prolétariat. Et ce prolétariat
chinois s'est mis à travailler dans les
entreprises industrielles, qui n'appartiennent en grande partie qu'aux étrangers.
Et j'ajoute même que les petits propriétaires chinois s'appuient sur les étrangers
plus riches. De là il résulte tout un état
d'esprit auquel les malheureux événements de Russie n'ont pas contribué pour
peu à donner de l'extension. C'est un état
d'esprit qui s'est propagé comme une
traînée de poudre dans les milieux étudiants, dans les classes intellectuelles.
Les ouvriers chinois, dans leurs grèves

ou revendications semblables à celles des ouvriers blancs, ont été soutenus, encouragés, dirigés par ces intellectuels exaspérés de voir leur pays en proie à toutes les vexations, les empiètements des puissances plus fortes, en proie aux guerres intestines qui désolent la population et dont il faut rechercher l'origine (comme je l'ai dit tout à l'heure) dans l'ambition des généraux et l'intervention cachée des étrangers. C'est ainsi que les nationalistes du parti Kouo Ming Tang envisagent la lutte des ouvriers comme la leur en même temps. Ils s'appuient sur le prolétariat qui se développe et qui deviendra de plus en plus fort au fur et à mesure que sera dissociée la vieille organisation familiale chinoise, par l'usine, l'industrie, le chemin de fer, les grandes villes modernes.

Je parlerai ici d'un autre grand facteur, et Messieurs, vous m'excuserez de vous en parler, mais je me penche ici sur mon pays comme un médecin sur le corps d'un malade, et je ne dois pas cacher les maux que je lui reconnais. C'est la Russie des Soviets. Ce pays pratique pour sa politique vis-à-vis de la Chine une tactique habile. D'abord, elle s'abstient de toucher à la Chine. Elle a même renoncé à certains de ses intérêts auxquels elle aurait pu prétendre. J'approuve ce geste, mais il ne peut m'échapper d'en voir les résultats pernicieux de répercussion politique. Et je n'en donnerai comme exemple que celui du général Sun Yat Sen. Sun Yat Sen est ce qu'on peut appeler une figure honnête. Il voyagea beaucoup en Amérique et en Europe. Il admira la forme du Gouvernement français et il se convainquit au contact des nations européennes de la nécessité qu'il y avait pour la Chine à se transformer. Il rêva pour notre pays d'un régime républicain semblable à celui de la France. Il fut le « père de la révolution de 1911 ». Il fut l'ennemi de Yuen Che Kaï quand il le soupçonna de vouloir devenir empereur. Il combattit tous les despotismes ; les traîtres contre la République ; se refusa à toute compromission qui aurait pu lui donner des richesses personnelles au détriment de la patrie ; il ne cessa de pousser des cris d'alarme en voyant la lâcheté ou la faiblesse des gouvernements de Pékin. Seul dans le Sud de la Chine, à Canton, il groupe ses armées populaires et il essaie de faire triompher ses principes démocratiques. Quelle politique cet homme-là poursuit-il maintenant ? On l'accuse de bolchevisme ! ! ! L'expression est trop forte. Grand admirateur de la France, je me refuse à croire qu'il admire la Russie. Ce sont les événements, quelquefois plus forts que la pensée des hommes, qui l'ont contraint à choisir cette alliance avec le pays qui mène l'habile compagne du « Ne touchez pas à la Chine ». Il se vit d'abord à Canton en butte à la haine des étrangers. Malheur plus grand, les marchands chinois de la ville, s'appuyant sur les étrangers, viennent ces derniers temps de fomenter des troubles. Vous connaissez, Messieurs, le fameux ordre des Anglais qui menaçait de bombarder Canton, si Sun Yat Sen se rendait maître de la sédition des marchands. Je n'ai pas besoin de m'étendre toujours là-dessus pour en tirer la conclusion. Qu'il me suffise de dire que les Anglais n'ont pas tiré, car un soulèvement populaire eût été à craindre. Mais des paroles malheureuses ont été prononcées et la force brutale s'est malheureusement montrée ; les cerveaux se sont échauffés.

Sun Yat Sen ne trouve d'autre appui que la sympathie de la Russie dont les calculs habiles sont favorisés par les maladresses des autres nations. Chaque brutalité contre le peuple chinois est un choc qui fait entrer chez nous les idées et les conceptions bolcheviques. La Russie ne vise pas la conquête des terres, mais elle est plus ambitieuse : elle gagne les cerveaux (ceux-là même qui paraissent les plus solides) à l'idée de la lutte des classes qui en arrive à déchirer les pays par des luttes intestines. La Russie accueille dans son université d'Orient des étudiants chinois qui sont considérés là-bas comme des nationaux russes. Ils ont une véritable bourse gouvernementale donnée par la Russie. Ces étudiants qui reviennent en Chine répandent les idées soviétiques qui trouvent, préparé par les événements dont je viens de vous parler, un terrain propice à se développer.

Je n'aurais pas voulu pousser un cri d'alarme, et cependant en face de mon malheureux pays privé de Gouvernement, de la Chine divisée entre les généraux que se livrent à des guerres civiles fratricides, en face de ces événements incroyables d'appétits déchaînés et de la politique malheureuse menée par les différentes nations, je ne puis m'empêcher de le lancer ce cri d'alarme. *Pourquoi ne pas nous laisser nous organiser chez nous ?* Pourquoi ne pas laisser le temps au Gouvernement chinois de s'installer solidement et de protéger sous sa tutelle l'industrie et le commerce chinois naissants ? Dans une Chine divisée menacent d'entrer les idées communistes. Je suis ici un médecin penché sur le corps d'un malade et je vous dis qu'en enlevant à mon pays tout moyen de se guérir, il prend ce qu'il a sous la main pour combattre sa maladie : et il prend un poison ; le poison bolchevique.

Messieurs, pour terminer, je vous ferai un appel. Et cet appel, je le ferai aux généreuses idées françaises, aux idées de la France qui a toujours été le champion du droit. Et je vous dis : Poursuivez à l'égard de mon pays une campagne de défense. Appuyez les hommes généreux qui veulent donner à notre pays un Gouvernement vraiment républicain et vous verrez peut-être un Sun Yat Sen tendre vers vous une main amicale au lieu de s'abandonner dans la dictature des cerveaux.

SIA TING.

La Situation politique du Japon dans le monde avant et après l'abolition de l'alliance Anglo-Japonaise

MESSIEURS,

Je vais vous parler de la situation politique du Japon dans le monde avant et après l'abolition de l'alliance anglo-japonaise. Evidemment, pendant le temps très court dont je dispose ici, ce soir, je n'ai pas la moindre intention d'entrer dans le détail. Je vais tenter tout simplement de vous exposer sommairement ce sujet. Donc, je vais commencer par vous parler, brièvement, d'abord, de ce que fut le Japon depuis la première signature de l'alliance anglo-japonaise en 1902 jusqu'à la Conférence de Washington de 1921, c'est-à-dire jusqu'à la fin de cette alliance. Ensuite, je vous parlerai de sa situation actuelle. Enfin, je concluerai.

C'est grâce à ses progrès scientifique, industriel et commercial, faits depuis la révolution de 1868, et grâce encore à sa victoire éclatante remportée brusquement sur un empire aussi colossal et aussi peuplé que celui de la Chine en 1895, que le Japon est monté, à la surprise générale, au niveau des grandes puissances mondiales en s'alliant à l'Angleterre. L'Angleterre sortit, ainsi, pour la première fois de son histoire, de son « Splendide Isolement » pour tendre la main à une puissance asiatique qu'elle traita sur un pied de complète égalité. Cette alliance anglo-japonaise fut conclue pour cinq ans, le 30 janvier 1902. Ce fut un acte d'importance très grande non seulement pour le Japon et pour l'Angleterre, mais même pour le monde entier. La clause principale de ce traité était, d'une part, l'engagement d'une neutralité bienveillante d'une des deux parties contractantes à l'égard de son allié, au cas où celui-ci serait en guerre avec une tierce puissance, pour le maintien de la paix générale dans l'Asie orientale et dans l'Inde. Cela était en prévision d'une guerre possible entre le Japon et la Russie. D'autre part, il y avait l'engagement d'une entrée en guerre, si l'adversaire de l'allié était soutenu par une autre puissance. Cela était en prévision de l'entrée possible en scène de la France dans la guerre russo-japonaise sus-mentionnée. Ce traité a été renouvelé, par anticipation, pour dix ans, en août 1905, avec des élargissements, bien entendu. Enfin il fut renouvelé pour la troisième fois, également par anticipation, en juillet 1911. Cette fois-ci, l'Allemagne était visée. Vous voyez donc que cette alliance anglo-japonaise a été dirigée d'abord contre la Russie, ensuite contre la Russie et l'Allemagne à la fois. Elle était, en quelque sorte, l'idée d'un partage implicite d'influence en Extrême-Orient entre l'Empire du Soleil Levant et la Grande-Bretagne. Mais on ne peut pas méconnaître le parti que le Japon en a tiré et qui fut de beaucoup supérieur à celui qu'en a tiré l'Empire britannique. Cette alliance a, en effet, servi surtout les intérêts du Japon en donnant au peuple japonais, moralement d'abord, un encouragement extraordinaire, matériellement ensuite, les profits innombrables qu'il en recueillit. Pour bien prouver les avantages dont a bénéficié le Japon, il nous suffit de passer rapidement en revue ses relations extérieures avec les grandes puissances du monde. Avec l'Angleterre, il se conçoit qu'il fut en bons termes ; nous n'avons rien à y ajouter. Il a magnifiquement arrêté la formidable descente russe extrême-orientale vers le Pacifique par la guerre russo-japonaise de 1905 ou plus exactement par le traité de Portsmouth de septembre de la même année. Il a réglé ses rapports définitifs avec elle par l'accord russo-japonais de 1907. Avec la France, il a établi des relations amicales par l'accord franco-japonais de 1907. Il s'est débarrassé de l'Allemagne par la prise de Kiao-Tchéou en 1914, prise qui a été d'ailleurs consolidée par le traité de Versailles. A la Chine, il a imposé, en mai 1915, les fameuses *vingt-et-une demandes* qui mettaient véritablement la Chine sous son protectorat. Aux Etats-Unis, il a extorqué, en novembre 1917, l'accord de Lansing-Ishii qui reconnaissait formellement les droits spéciaux du Japon en Chine. De la Société des Nations, il obtint, en 1919, le mandat pour l'administration des anciennes colonies allemandes de l'Océan Pacifique, situées au-dessus de l'Equateur.

Vous devinez donc, qu'après avoir été orgueilleusement encouragé par l'Angleterre, la figure avec laquelle il se présentait dans le monde ! S'il est vrai que la superficie de son empire était encore peu importante, sa population totale dépassait déjà, en 1921, quatre-vingts millions d'habitants. Sa marine marchande aussi bien que sa marine militaire étaient montées au rang de celle

de troisième puissance du globe, de telle
manière que la puissance maritime japonaise, par sa jeunesse et sa vitesse de
croissance vis-à-vis de celle des Etats-
Unis ressemblait singulièrement à celle
de l'Allemagne de 1914 en face de l'Angleterre maritime. Le commerce extérieur nippon qui était défavorable avant
la guerre, est devenu favorable depuis
la déclaration de la guerre. Il a rem-
boursé ses dettes à l'étranger et est
devenu le prêteur de la Chine et même
de la Grande-Bretagne. Son stock d'or
est passé de 370.000.000 de yens en 1913
à 1.600.000.000 de yens en 1918. Le Japon
est tellement puissant que des experts
navals américains auraient estimé que
l'Empire du Soleil Levant pourrait facilement, le cas échéant, s'emparer des îles
Philippines en moins d'une semaine,
d'autant plus facilement que les Etats-
Unis n'avaient pas de grandes bases
navales dans le Pacifique occidental. Et
ce qui inquiétait encore plus particulièrement les Américains, c'est que leurs

grands cuirassés en projet à la Maison Blanche étaient dans l'impossibilité d'aller rapidement de l'Atlantique dans le Pacifique, parce que le canal de Panama n'était pas assez profond pour en permettre le passage. Devant ces faits, les Américains protestèrent contre le danger japonais auquel l'alliance avec l'Angleterre donnait une force plus grande encore. Cependant le Japon ne voulut pas envisager un conflit avec l'Amérique, dans lequel il ne serait peut-être pas suivi par l'Angleterre. Il se laissa entraîner à la Conférence de Washington de 1921, sorte de tribunal anglo-américain pour y juger de son activité tant en Chine que dans l'Océan Pacifique. Il s'est vu dépouiller ainsi de son alliance avec l'Angleterre en échange d'une nominale quadruple entente du Pacifique, composée de la France, de la Grande-Bretagne, des Etats-Unis et du Japon. Ceci nous amène à voir maintenant ce qu'est le Japon après la dissolution de son alliance avec l'Angleterre.

Au lendemain de la Conférence de Washington comme au lendemain de celle de Paris en 1919, la plupart des grandes puissances sont occupées, comme toujours, les unes par des questions d'ordre économique, financier et politique, les autres par des questions d'ordre social. Le seul grand changement qui est résulté de la Conférence de Washington, résida dans les positions internationales nouvelles de l'Angleterre, des Etats-Unis et du Japon. Considérons uniquement le Japon, qui est notre sujet. Nous voyons que sa position internationale est beaucoup moins bonne qu'avant l'abolition de l'alliance anglo-japonaise. Les récents événements le révèlent d'une façon singulièrement frappante. A savoir : le fait de la Conférence de Washington où le Japon s'est vu arraché de son alliance avec la Grande-Bretagne et par conséquent privé de son plus sûr appui. La limitation des forces navales où le Japon vit ses forces maritimes restreintes beaucoup plus sévèrement que ne le furent celles des Etats-Unis ou de l'Angleterre, donc plus de possibilité pour lui d'une guerre, soit offensive, soit défensive, avec Washington ou avec Londres. L'obligaton d'évacuer le Changtong et la sommation de rappeler ses troupes à Hankéou, ce qui diminue son prestige et ses bases pour sa fameuse politique continentale. Forcé d'abolir l'accord Lansing-Ishii, et forcé d'annuler la section V des *vingt-et-une demandes* auxquelles nous avons fait allusion plus haut, et forcé encore d'adhérer au principe américain de la « Porte Ouverte », le Japon n'a, par conséquent, plus de droits spéciaux en Chine, ce qui était si cher aux genros du Mikado ! Une phrase écrite par M. Kawakami dans son livre intitulé : Le problème du Pacifique et la politique japonaise, peint exactement la situation actuelle du Japon vis-à-vis des Etats-Unis. La voici ainsi concue : « Si la Conférence de Washington a rendu difficile, pour les Etats-Unis, une guerre offensive dans la partie occidentale du Pacifique, elle a rendu *plus* difficile, pour le Japon, une guerre de ce genre dans la partie orientale de cet océan. Donc, à cet ensemble de pertes, on ne voit pas beaucoup de contre-parties pour le Japon. D'autant plus que le tremblement de terre de septembre 1923 qui a violemment détruit les régions les plus riches de son empire, l'oblige à renoncer, tout au moins pour quelques années, à une action très énergique à l'extérieur. C'est pourquoi nous avons vu en juillet de l'année dernière que le Japon n'a pas osé relever le gant que lui avaient lancé les Américains et qui consistait en une interdiction presque absolue de l'immigration japonaise aux Etats-Unis. Au contraire, du côté de son ancien allié l'Angleterre et de son adversaire les Etats-Unis, nous voyons se dessiner une grande coalition anglo-américaine qui semble prétendre à la suprématie navale, économique, financière et politique dans le monde, particulièrement en Extrême-Orient et dans l'Océan Pacifique. Cette coalition anglo-américaine est d'autant plus menaçante pour l'Empire du Soleil Levant que les dernières élections générales anglaises du 29 octobre 1924 et l'élection présidentielle américaine du 4 novembre de la même année rangèrent ces deux nations anglo-saxonnes dans une même orientation politique : Angleterre gouvernée par les conservateurs ; Etats-Unis dirigés par les républicains. Tous les deux sont vers *la droite !* Il est encore plus frappant de remarquer ce qu'il y a actuellement dans l'Océan Pacifique, quand on se trouve en présence d'une carte géographique de cet immense océan : les Etats-Unis se tiennent à droite du Japon, aux îles Hawaï qu'ils fortifient par millions de dollars pour barrer, le cas échéant, les routes maritimes *orientale* et *méridionale* du Japon, tandis que l'Angleterre transforme Singapour en une grande base navale et aérienne qui doit fermer, le moment venu, la route maritime *occidentale* du Japon. Ces deux nations anglo-saxonnes n'entendent donner au Japon que la route *septentrionale* qui est, à la différence des trois autres, une route terrestre : la Mandchourie et la Mongolie orientale. Mais cela a une grosse conséquence, extrêmement défavorable pour le Japon. Le Japon, en empiétant sur cette Mandchourie et cette Mongolie orientale *politiquement* et *juridiquement* chinoises ne verra ses relations avec la Chine que s'envenimer, et ne pourra empêcher l'accroissement de la haine chinoise à son égard. Donc, après ces diverses considérations, nous pouvons en arriver à la conclusion suivante :

A la veille de la Conférence de Washington, c'est-à-dire avant la disparition de l'alliance anglo-japonaise, le Japon était arrivé vis-à-vis des Etats-Unis dans l'Océan Pacifique à la place qu'occupait l'Allemagne de 1914 en face de l'Angleterre en Europe. Il avait beaucoup de chances de tenir tête aux Etats-Unis, soit dans une guerre offensive, soit dans une guerre défensive, même sans compter sur l'appui de son allié l'Angleterre. Au lendemain de la disparition de son alliance avec la Grande-Bretagne, le Japon est diplomatiquement isolé non seulement en apparence, mais en réalité. L'Angleterre, alliée du Japon d'hier, tacite adversaire du même Japon d'aujourd'hui, est actuellement et virtuellement non moins alliée à sa sœur de l'autre côté de l'Atlantique. Il y a, à l'heure actuelle, dans le monde, spécialement dans l'Océan Pacifique, une espèce de coalition anglo-saxonne qui a une prépondérance presque partout incontestable. Le Japon est, aujourd'hui, pour ainsi dire, surveillé et sous l'étreinte de l'Angleterre, l'Angleterre de Singapour, et sous l'étreinte des Etats-Unis, les Etats-Unis des îles Hawaï, aussi bien en Chine que dans l'Océan Pacifique ! C'est dans ces conditions qu'il me paraît n'y avoir que deux moyens auxquels pourrait recourir, le cas échéant, l'Empire du Soleil Levant pour contrebalancer la formidable coalition anglo-américaine. C'est, d'une part, un rapprochement avec la Russie soviétique, rapprochement dont le premier pas a été déjà fait par l'accord nippo-russe du 20 janvier 1925. [C'est ici une mesure plutôt destructive que constructive, non seulement pour le Japon, mais même pour notre humanité tout entière.] D'autre part, l'entente avec la France, la puissance la plus forte dans l'Océan Pacifique après le groupe anglo-américain. Ces deux points sont d'une importance capitale pour la politique générale de demain.

TCHANG TCHIAO.

(Conférence faite le 30 janvier 1925).

Table des matières

BIBLIOTHEQUE NATIONALE DE FRANCE

3 7531 02418082 1